Hernandes Dias Lopes

OBADIAS E AGEU
Uma mensagem urgente de Deus à igreja contemporânea

© 2008 por Hernandes Dias Lopes

1ª edição: julho de 2008
11ª reimpressão: julho de 2021

REVISÃO
Andréa Filatro
Roselene Sant'Anna da Silva

DIGRAMAÇÃO
Sandra Oliveira

CAPA
Atis Design

EDITOR
Aldo Menezes

COORDENADOR DE PRODUÇÃO
Mauro Terrengui

IMPRESSÃO E ACABAMENTO
Imprensa da Fé

As opiniões, as interpretações e os conceitos emitidos nesta obra são de responsabilidade dos autores e não refletem necessariamente o ponto de vista da Hagnos.

Todos os direitos desta edição reservados à
EDITORA HAGNOS LTDA.
Av. Jacinto Júlio, 27
04815-160 — São Paulo, SP
Tel.: (11) 5668-5668

E-mail: hagnos@hagnos.com.br
Home page: www.hagnos.com.br

Editora associada à:

**Dados Internacionais de Catalogação na Publicação (CIP)
Câmara Brasileira do Livro, SP, Brasil**

Lopes, Hernandes Dias

Obadias e Ageu / Hernandes Dias Lopes — São Paulo: Hagnos, 2008.
(Comentários Expositivos Hagnos)

ISBN 978-85-7742-031-5

1. Bíblia A.T. Profetas Menores: Comentários: crítica e interpretação I. Título

08-04179   CDD 224.906

Índices para catálogo sistemático:
1. Profetas Menores: Bíblia: Antigo Testamento:
Interpretação e crítica 224.906

Dedicatória

Dedico este livro à querida irmã Ivete Vargas Fortes Lima, mulher piedosa, hospitaleira, operosa na obra de Deus, encorajadora dos santos, bálsamo de Deus na minha vida, ministério e família.

Sumário

Prefácio — 7

OBADIAS

1. A saga de uma família e a amarga trajetória de um povo que nunca aprendeu a amar — 11
   (Obadias 1.1-21)

2. A alegria do pecado não dura para sempre — 31
   (Obadias 1-14)

3. O julgamento dos ímpios e o triunfo do Reino de Cristo — 49
   (Obadias 15-21)

AGEU

1. Deus chama seu povo à reflexão — 69
   (Ag 1.1-11)

2. Deus chama seu povo ao trabalho — 91
   (Ag 1.12-2.1-9)

3. Deus chama seu povo à santidade — 113
   (Ag 2.10-23)

Prefácio

Os Profetas Menores são nossos contemporâneos. Eles tratam de temas absolutamente importantes e urgentes. Eles discernem o passado, diagnosticam o presente e oferecem soluções para o futuro. Estudar os Profetas Menores é fazer uma leitura acurada dos graves problemas que assolam nossa sociedade e atingem a igreja.

Neste livro vamos abordar dois desses profetas: Obadias e Ageu. Obadias é o menor livro do Antigo Testamento. Ele denuncia os pecados de Edom, os descendentes de Esaú. A mensagem de Obadias é uma trombeta dos céus a trovejar nos ouvidos da história. Os pecados de Edom foram orgulho e crueldade.

A soberba econômica e política, associada a uma posição geográfica privilegiada fez dos edomitas um povo altivo e soberbo. Além da soberba, Edom entregou-se à crueldade, associando-se aos caldeus na matança do povo de Judá, seus parentes chegados. Essa atitude abriu feridas no coração de seus irmãos e também atingiu o coração de Deus. A retribuição divina não se fez esperar. A maldade que Edom semeou caiu sobre sua própria cabeça. A vida é uma semeadura. Colhemos o que plantamos. Aquilo que fazemos aqui determinará nosso destino amanhã. A mensagem de Obadias, portanto, é um brado de Deus às nações, às instituições humanas, às igrejas, e todos os homens, alertando a todos nós que Deus resiste ao soberbo e o mal que praticamos contra os outros cairá sobre nossa própria cabeça.

Ageu é um profeta pós-exilíco. Ele encorajou o povo judeu que havia voltado do cativeiro a reconstruir o templo. A Casa de Deus estava abandonada. Eles haviam iniciado a construção, mas diante dos obstáculos abandonaram a obra e se concentraram apenas em seus próprios negócios. Cada um corria apenas atrás dos seus interesses. Enquanto a Casa de Deus estava em ruínas, eles faziam para si casas apaineladas, ou seja, casas com requinte de luxo. Um sentimento de letargia havia dominado o povo. A vida espiritual estava em decadência. Eles voltaram do cativeiro, mas não haviam se apropriado da verdadeira liberdade espiritual. Ageu confronta o povo e denuncia sua infidelidade. Mostra que a sonegação dos dízimos e o descaso com a Casa de Deus tinham conseqüências espirituais e também econômicas. Ageu demonstra que Deus não se agrada das sobras. Ele não é Deus de resto, mas de primícias.

A mensagem de Ageu é absolutamente necessária para igreja contemporânea, pois o secularismo está entrando nas igrejas. O pragmatismo está dominando os redutos evangélicos. O sincretismo religioso se faz presente em muitas igrejas com práticas absolutamente pagãs. Precisamos voltar-nos para Deus com sincero arrependimento. Precisamos de uma nova Reforma.

Minha expectativa é que Deus ilumine sua mente, inflame seu coração e disponha sua alma para buscar a Deus e acertar sua vida com ele. Esse é um tempo de restauração. Esse é o tempo de nos voltarmos para Deus!

Hernandes Dias Lopes

Obadias

Capítulo 1

A saga de uma família e a amarga trajetória de um povo que nunca aprendeu a amar
(Obadias 1.1-21)

OBADIAS É O MENOR LIVRO do Antigo Testamento, com apenas vinte e um versículos. Faz parte da coletânea dos Profetas Menores. Obadias e Naum não são citados nenhuma vez no Novo Testamento. Curioso é que ambos falam sobre a destruição dos inimigos do povo de Deus: Edom e Nínive respectivamente.

Samuel Schultz diz que três dos profetas menores focalizaram sua atenção sobre uma nação estrangeira – Obadias sobre Edom; Naum sobre a Assíria e Habacuque sobre a Babilônia.[1] Com respeito a Edom, há outras denúncias proféticas no Antigo Testamento.[2]

Obadias é um dos nomes mais comuns em Israel. Há pelo menos doze indivíduos descritos no Antigo Testamento com este nome, e nenhum deles se encaixa como o autor deste livro. O nome Obadias significa "servo do Senhor" ou "adorador de Iavé".[3]

O fato de Obadias ser um pequeno livro, aliás, o menor, e também assaz desconhecido ainda hoje, não significa que ele é menos importante. Há lições grandiosas contidas neste livro que precisam ser exploradas. Há alertas solenes que precisam ser ouvidos. Há juízos severos que precisam ser evitados. O livro de Obadias tem uma mensagem urgente, oportuna e necessária para a família, a igreja e as nações.

Este livro, mais do que qualquer outro, mostra os frutos amargos dos erros cometidos no passado por uma família piedosa. Os edomitas eram os descendentes de Esaú, e Judá era a descendência de Jacó. Esaú e Jacó eram irmãos gêmeos, portanto essas duas nações nasceram do mesmo ventre. Eram nações gêmeas. Porém, a inabilidade de Isaque e Rebeca acabou provocando ciúmes nos filhos e abrindo uma brecha para o ódio, que não cessou de arder por cerca de dois mil anos.

À guisa de introdução, vamos destacar três pontos importantes:

Não subestime os pequenos problemas; eles podem tornar-se um grande mal. Obadias está pintando com cores fortes o drama do ódio dos edomitas aos judaítas. Esses dois povos nasceram no mesmo tempo, de um mesmo ventre. Eram irmãos gêmeos. Vieram do mesmo ancestral. Mas as intrigas pessoais de seus pais, Esaú e Jacó, atravessaram os séculos e agora transbordam com fúria, provocando uma avassaladora inundação.

Tudo começou com um erro de Isaque e Rebeca, pais de Esaú e Jacó. Esses pais cometeram o grave erro de ter preferências por um filho em detrimento do outro. Isaque amava mais a Esaú, e Rebeca tinha predileção por Jacó (Gn 25.28). Essa falta de sabedoria dos pais plantou no coração dos filhos a semente maldita da inimizade, do ódio e da competição. Esse ódio trouxe profundas feridas na vida dos pais, separou os irmãos e atravessou as gerações, desembocando agora em uma atitude irracional de maldade dos edomitas, ao associar-se com os invasores que arrasaram os seus irmãos judaítas. Essa atitude perversa e cruel dos edomitas unindo-se aos caldeus para oprimir, escravizar e matar os judeus foi a gota que transbordou do cálice, trazendo o juízo peremptório de Deus aos edomitas (Ob 10; Ml 1.2-5).

Uma grande bênção pode transformar-se em uma grande tragédia quando deixamos que vaidades pessoais nos dominem. Isaque e Rebeca oraram vinte anos para ter filhos (Gn 25.20-26). Rebeca era estéril e queria conceber. Aquele casal voltou-se para Deus em humilde súplica, buscando do céu essa preciosa bênção. Depois de vinte anos de perseverante intercessão, Deus tornou-se obsequioso a eles, e Rebeca concebeu e deu à luz dois filhos: Esaú e Jacó (Gn 25.25,26). Mas, por caprichos pessoais e vaidades tolas, esse casal transformou uma bênção em um problema. Eles não cultivaram a amizade entre os filhos; em vez disso, jogaram um contra o outro. Eles tinham preferências e predileções em relação aos filhos (Gn 25.28). Isaque amava mais a Esaú, e Rebeca mais a Jacó. Insensatamente Isaque e Rebeca fizeram dos filhos rivais e não parceiros. Plantaram no coração deles a disputa e não o companheirismo.

O casamento de Isaque e Rebeca estava desgastado. Certa feita Isaque mentiu acerca de Rebeca para poupar sua vida (Gn 26.6-11). Desde esse tempo, o diálogo morreu entre eles. Rebeca escutava Isaque atrás da porta (Gn 27.5). Eles não se assentavam mais para conversar e tomar suas decisões. O distanciamento do casal abriu também um fosso no relacionamento dos filhos. A falta de diálogo entre os pais ergueu uma muralha de inimizade entre os filhos. O pior é que essa inimizade se espalhou entre seus descendentes, e, agora, cerca de 1.500 anos depois, os edomitas estão destilando o veneno letal do ódio contra os judaítas.

Não tente mudar ou manipular os desígnios de Deus. Deus, na sua soberania, havia determinado que o filho mais velho serviria ao mais moço (Gn 25.23). A linhagem do Messias passaria por Jacó, e não por Esaú. A escolha divina não se baseava em mérito, porque os dois ainda não eram nascidos quando Deus fez sua escolha (Rm 9.11-13). A eleição divina é baseada totalmente na graça e não em merecimentos.

Isaque, tolamente, tentou alterar o desígnio de Deus, endereçando a bênção a Esaú (Gn 27.1-4) e Rebeca, por outro lado, tentou manipular as coisas de forma pecaminosa para ajudar na consecução do propósito divino (Gn 27.5-17). Não podemos insurgir-nos contra os propósitos soberanos de Deus, nem precisamos dar uma mãozinha para o Senhor. Ele é poderoso para fazer cumprir seus planos eternos (Jó 42.2). Tanto Isaque quanto Rebeca erraram em suas atitudes. Ambos deixaram de confiar em Deus e de descansar na sua sábia providência. Todas as vezes que tentamos tomar os rumos da vida em nossas próprias mãos, descrendo da Providência, atropelamos as coisas, causamos muitos males a nós mesmos e provocamos nos outros grandes sofrimentos.

O pano de fundo do livro

Não podemos entender o livro de Obadias sem voltar nossos olhos para o passado. A chave da interpretação desse livro está nos intrincados relacionamentos de uma família patriarcal. O livro de Obadias é a saga da inimizade histórica entre edomitas e israelitas. Esses dois povos, como já vimos, são os descendentes de Esaú e Jacó, filhos gêmeos de Isaque e Rebeca. Vamos considerar mais alguns aspectos dessa turbulenta relação.

Em primeiro lugar, *a luta no ventre* (Gn 25.22). O conflito entre edomitas e israelitas começou no ventre de Rebeca. O útero dessa mulher foi o primeiro campo de combate desses dois povos. Eles não só lutavam no ventre da mãe, mas Jacó nasceu segurando no calcanhar de Esaú. Esse conflito intra-uterino tornou-se um conflito entre dois irmãos e mais tarde entre duas nações. Essa semente minúscula tornou-se uma floresta densa. Esse embate inconsciente transformou-se em ódio deliberado. Essa batalha travada na escuridão do ventre apagou-lhes a luz do bom senso, e esses dois povos viveram praticamente dois mil anos hostilizando-se um ao outro.

Em segundo lugar, *o erro dos pais* (Gn 25.28). Isaque e Rebeca casaram-se por amor. Eles tinham tudo para viver um casamento muito feliz. Isaque era o filho único de um pai rico. Abraão era herdeiro de uma grande promessa, e Isaque era um jovem maduro e piedoso. Depois do casamento, Isaque orou vinte anos para Deus curar Rebeca da esterilidade. Deus ouviu sua oração, mas eles não estavam preparados para educar seus filhos. Em vez de criar os filhos como amigos, criaram-nos como rivais. Em vez de dialogar com os filhos, tomavam suas decisões às escondidas, abrindo feridas nos relacionamentos. O erro dos pais injetou o veneno do ódio no coração dos filhos. A inabilidade dos pais abriu as comportas da represa do ódio e esse sentimento hostil provocou uma inundação avassaladora, provocando morte na terra e juízo do céu.

Em terceiro lugar, *um jantar muito caro* (Gn 25.29-34). Esaú desprezou o seu direito de primogenitura e pagou por um jantar um preço muito caro (Gn 25.30). Ele deu a Jacó o direito de sua primogenitura em troca de um prato de lentilhas. Isaltino Filho disse que essa foi a refeição mais cara da história. Jamais alguém pagou um preço tão alto por uma sopa.[4] Assim, Esaú demonstrou seu desprezo pelas coisas espirituais.

Esaú era um jovem profano e rejeitou sua herança por um prato de lentilhas (Hb 12.16). Esaú toma decisões precipitadas e irrefletidas. Por ser um homem profano, era materialista. Os valores espirituais não tinham importância para ele. Essa mesma atitude é seguida pelos seus descendentes. Eles se tornam profanos e materialistas. Eles não se deleitam com as coisas de Deus. George Adam Smith menciona o fato de que, no Antigo Testamento, nunca lemos acerca dos deuses edomitas. Diz que, embora tivessem divindades, eram essencialmente irreligiosos, vivendo para comer, saquear e vingar-se.[5]

Em quarto lugar, *uma mentira muito astuciosa* (Gn 27.6-29). Sabendo que Isaque estava prestes a dar sua bênção a Esaú, Rebeca toma em suas mãos o destino da vida de Jacó e ordena que ele traga dois bons cabritos para serem preparados para Isaque. Jacó deveria fingir-se de Esaú e mentir para seu pai, que estava quase cego. Jacó titubeia, mas acaba cedendo à pressão da mãe. Assim, assume o lugar de Esaú e mente para o pai com juramentos em nome de Deus. Essa mentira trouxe estremecimento para Isaque

(Gn 27.33) e revolta para Esaú (Gn 27.34-36). Jacó roubou astuciosamente a bênção de Esaú, e isso cavou um pouco mais o fosso da inimizade entre esses dois irmãos.

Em quinto lugar, *um ódio muito violento* (Gn 27.41). Esaú, revoltado com o irmão, toma a decisão de matá-lo. Jacó precisa fugir de casa com a promessa da mãe de que voltaria dias depois. Essa fuga demorou mais de vinte anos. Quando Jacó voltou, Rebeca já estava morta. Nesses anos, o medo do reencontro com Esaú ficou latejando no coração de Jacó. Mais de vinte anos de uma relação estremecida, de um ódio que ficou congelado no coração. Por intervenção divina, os dois irmãos se perdoaram, mas jamais viveram unidos (Gn 33.1-17). O que eles conseguiram resolver no âmbito pessoal, não conseguiram sanar entre seus descendentes. Aquele ódio continuou crescendo a ponto de Obadias, 1.500 anos depois, escrever sobre as tragédias dessa mágoa demonstrada na perversa impiedade dos edomitas ao matar os judaítas oprimidos de Jerusalém (Ob 12-14). Isaltino Filho alerta para o perigo de nutrir ódio no coração, dizendo:

> Entre os dois irmãos surgiu uma animosidade que, mesmo solucionada no nível pessoal, atravessou os séculos e se projetou na história, no relacionamento entre os seus descendentes. Um ensino que podemos tirar do relacionamento turbulento entre esses dois povos é que o ódio se arraiga tão profundamente que, mesmo desaparecidos os motivos que o ocasionaram, ele pode continuar. O ódio é irracional e se alastra perigosamente. Se não for contido, suas seqüelas podem ser perigosas.[6]

O mesmo escritor diz acertadamente que odiar faz muito mal. Faz mais mal a quem odeia do que àquele que é odiado. O ódio arruinou Edom.[7] Dionísio Pape corretamente ergue seu brado de alerta: "Oxalá que o nosso mundo moderno aprendesse a lição! As inimizades e preconceitos continuam entre os povos. Por tradição, mais do que por razão, uma nação odeia outra".[8]

Em sexto lugar, *uma hostilidade que nunca cessou* (Ob 12-14). W. J. Deane diz corretamente que as relações entre Israel e Edom sempre foram de grande hostilidade. Brigas entre parentes são proverbialmente as mais amargas; este é o caso entre essas duas nações.[9] Deus ordenou que os israelitas tratassem os edomitas como irmãos, mas os edomitas não corresponderam e nunca se afeiçoaram aos israelitas (Dt 2.5-8; 23.7,8). Quando estes precisaram cruzar o deserto rumo à terra prometida, os edomitas não lhes deram passagem; antes, trataram os israelitas com hostilidade, obrigando Israel a uma jornada mais extensa (Nm 20.14-21). Os edomitas foram absolutamente insensíveis à necessidade dos hebreus e até mesmo se recusaram a um diálogo proposto por Moisés. Esse foi o primeiro conflito entre os descendentes de Esaú e Jacó. A rivalidade não era mais entre duas pessoas, mas entre dois povos, diz Isaltino Filho.[10] Os edomitas tornaram-se uma nação forte. A terra de Edom, também chamada Seir,[11] fica a sudeste do mar Morto. Estendendo-se pelo vale do Arabá, do sul do mar da Galiléia até o golfo de Acaba, seu lado oriental era rochoso e montanhoso, por vezes atingindo cerca de 1.070 m de altura. Por ela passavam duas importantes vias de tráfego, a estrada real e o caminho ao longo do Arabá. O controle que ela exercia sobre boa parte do comércio norte-sul enchia seus cofres e a tornava alvo de ataques.[12]

Por várias vezes, a hostilidade de Edom pelos israelitas veio à tona e mostrou sua carranca. O profeta Amós denunciou a falta de perdão dos edomitas: "Assim diz o SENHOR:

Por três transgressões de Edom e por quatro, não sustarei o castigo, porque perseguiu o seu irmão à espada e baniu toda a misericórdia; e a sua ira não cessou de despedaçar, e reteve a sua indignação para sempre. Por isso, meterei fogo a Temã, fogo que consumirá os castelos de Bosra" (Am 1.11,12).

A. R. Crabtree diz que, quando Davi firmemente se estabeleceu no governo, subjugou os edomitas para proteger a sua fronteira meridional. A subjugação de Edom abriu para os israelitas o porto de Ezion-Geber no golfo de Acaba, com base comercial de muita importância. Mas, no reinado de Salomão, Ezion-Geber, libertou-se do poder de Judá. Depois de Salomão, os reis de Judá não puderam manter um poder seguro sobre os edomitas. No século 9, durante o reinado de Josafá (2Cr 20.1,2), os edomitas, confederados com os moabitas e os amonitas, atacaram Judá de surpresa; no entanto, por intervenção divina, foram desbaratados (2Cr 20.21). Na queda de Judá, os edomitas se regozijaram (Sl 137.7; Ob 11-14; Lc 4.21). Pouco tempo depois, aproveitaram-se do desastre da conquista de Judá para ocupar a parte meridional do território dos judeus (Ez 35.10,12; 36.5). A última menção a Edom no Antigo Testamento mostra o amor de Deus por Jacó e o juízo de Deus sobre Edom (Ml 1.2-5). No segundo século a.C., João Hircano subjugou os idumeus, incluindo-os em seu reino. Quando a Palestina foi conquistada pelos romanos, 63 a.C., os Herodes, que eram de uma família iduméia, foram postos à testa de Judá. Foram eles os últimos edomitas. No ano 37 a.C., Herodes, idumeu, foi coroado rei dos judeus.[13]

Em sétimo lugar, *uma inimizade que se estendeu à última geração dos edomitas* (Mt 2.1-23). O antagonismo de Edom e Judá chegou ao seu extremo no tempo de Cristo.[14] Os últimos descendentes dos edomitas foram os membros da família herodiana. O Novo Testamento nos fala sobre quatro Herodes, todos idumeus e todos hostis a Cristo e sua igreja. Herodes, o Grande, foi o rei que mandou matar as crianças de Belém, com o propósito de eliminar o infante Jesus (Mt 2.16). Herodes Antipas foi o rei que mandou matar João Batista, a quem Jesus chamou de raposa e diante de quem Jesus compareceu em seu julgamento (Mc 6.14-28; Lc 23.8-11). Herodes Agripa I foi o rei que mandou matar Tiago e prender Pedro. Ele foi devorado por vermes, por não dar glória a Deus (At 12.1-23). Herodes Agripa II, casado com sua própria irmã Berenice, foi o homem que esteve diante de Paulo em Cesaréia e não aceitou render-se a Cristo (At 26.27-29). Os últimos descentes de Esaú terminaram sua trajetória na terra de forma trágica e ainda em oposição aos descendentes de Jacó.

Isaltino Filho resume o conflituoso cenário político entre esses dois povos, o judeu e o edomita, como segue:

1) 1406 a.C. – Edom recusou a passagem de Israel a caminho de Canaã (Nm 20.14-21; Dt 2.5).

2) 992 a.C. – Davi conquistou Edom, matando a maioria dos homens (2Sm 8.13; 1Rs 11.15).

3) 845 a.C. – Edom e Filístia pilharam Judá (2Cr 21.16,17).

4) 785 a.C. – Amazias atacou Edom, matando vinte mil homens (2Cr 25.11,12).

5) 586 a.C. – Edom ajudou a Babilônia a destruir Jerusalém e estabeleceu-se na parte sul de Judá (Sl 137.7; Ez 25.12).

6) 300 a.C. – Cidades e territórios de Edom foram tomados pelos árabes nabateus; os edomitas foram levados para o centro e para o sul de Judá.

7) 165 a.C. – Judas Macabeu tomou Hebrom, que se tinha tornado capital dos edomitas.
8) 126 a.C. – João Hircano subjugou os edomitas (chamados idumeus) forçando-os a circuncidar-se como os judeus. Eles foram feitos judeus à força.
9) 40 a.C. – Herodes, o Grande, um idumeu, tornou-se rei da Palestina, conquistando Jerusalém em 37 a.C.
10) 70 d.C. – Os edomitas aliaram-se aos romanos para destruir e arruinar Jerusalém, e, com a queda desta cidade, eles desapareceram da história, sendo assimilados pelos árabes nabateus, do sul de Judá.

O autor do livro

De acordo com Russell Norman Champlin, embora Obadias seja um livro minúsculo, muitos eruditos ainda crêem que Obadias não foi o único autor que o produziu por inteiro, e que partes do livro vieram de diferentes épocas.[15] A maioria dos estudiosos, entretanto, defende que Obadias é o autor do livro. Nada sabemos sobre sua família, sua cidade e sua ocupação.[16] Obadias era um dos nomes prediletos entre os israelitas, aparecendo cerca de vinte vezes no Antigo Testamento. Temos pelo menos doze diferentes Obadias citados no Antigo Testamento, mas possivelmente nenhum deles é o autor deste livro.

O nome *Obadias* significa "servo do Senhor" ou "adorador de Iavé", uma indicação de que ele era filho de pais piedosos.[17] Seu nome aponta para seu compromisso com Deus. Ele adora a Deus e trabalha para Deus. Ele ama a Deus e serve a Deus. Seu coração se deleita em Deus e suas mãos se adestram na obra de Deus.

A data do livro

Carl Armerding afirma que a data da composição do livro de Obadias continua sendo tema de muito debate.[18] Este é o maior problema do livro de Obadias: situá-lo no tempo. Não há consenso entre os eruditos acerca da data exata em que ele foi escrito.

Diversos palpites e opiniões vão desde o século nono até o século terceiro, mas não podemos fechar questão acerca da data de sua composição. Clyde Francisco diz que a data deve mediar entre a devastação dos árabes e filisteus, quando estes atacaram e, em certa medida, despojaram Jerusalém, no reinado de Jeorão, em 845 a.C., e a destruição de Jerusalém por Nabucodonosor em 586 a.C.[19] Eruditos como Gerard Van Groningen, Charles Feinberg, Edward Yong e George Robinson entendem que argumentos apoiando a data mais antiga são os mais fortes. Por outro lado, estudiosos como João Calvino, David W. Baker e A. R. Crabtree optam pela segunda data, ou seja, 586 a.C.[20] Embora eu subscreva essa segunda data, concordo com J. Sidlow Baxter quando ele diz que não precisamos discutir aqui os prós e os contras quanto à data desse escrito, pois, no caso de Obadias, a questão da data não é vital para a sua interpretação.[21]

Depois de analisar várias propostas, creio que o livro de Obadias foi escrito logo depois da invasão babilônica, quando Nabucodonosor saqueou e destruiu a cidade de Jerusalém, matando muitos de seus habitantes e deportando outros tantos. Esse pensamento está em harmonia com o fato de que a invasão mais geral e de conseqüências mais trágicas sofrida pelos judaítas foi aquela imposta pelo rei caldeu Nabucodonosor. Nesse doloroso cerco, os edomitas foram não apenas omissos, mas também agentes do mal, capturando os judeus que tentavam escapar, entregando outros aos seus inimigos e matando aqueles que tentavam fugir. Dionísio Pape descreve esse doloroso acontecimento com as seguintes palavras:

> Obadias testemunhou o saque total da cidade santa de Jerusalém em 587 a.C., por isso presume-se que tenha tomado parte no exílio na Babilônia, que durou 70 anos. É de se supor que Obadias tenha escrito o seu livro durante o exílio. Longe da Pátria, ele se lembrava do horror da devastação praticada pelas hordas cruéis de Nabucodonosor. Na hora em que o invasor impiedoso esmagou a pequena nação de Judá, o povo vizinho de Edom veio colaborar com o inimigo. Além de burlar-se dos habitantes de Jerusalém, os edomitas ajudaram os babilônios a pilhar os bens dos infelizes judeus e, pior ainda, entregaram ao exército de Nabucodonosor os refugiados apavorados que buscaram asilo no seu território. Assim foi que ninguém escapou das garras do mais temível exército de então.[22]

Os edomitas se alegraram com a desgraça de Judá. Deram pulos de alegria com a devastação de Jerusalém. É essa atitude de crueldade que Obadias denuncia. É essa soberba tola que Obadias ataca.

Outro fato importante que corrobora essa perspectiva é que os judeus que haviam sido levados para a Babilônia, ainda feridos e machucados pela virulenta traição dos edomitas, fazem uma oração imprecatória contra eles, às margens dos rios da Babilônia, nos seguintes termos: "Contra os filhos de Edom, lembra-te, SENHOR, do dia de Jerusalém, pois diziam: Arrasai, arrasai-a, até os fundamentos" (Sl 137.7). Finalmente, cumprindo a profecia de Obadias, a derrota de Edom deu-se anos depois da queda de Jerusalém.

O propósito e a teologia do livro

Vamos destacar alguns propósitos importantes do livro de Obadias e ao mesmo tempo identificar a teologia desse livro. Basicamente o livro apresenta três mensagens principais: 1) A inspiração divina. Por quatro vezes (Ob. 1,4,8,18), o profeta afirma que suas palavras tinham origem divina. 2) O julgamento divino. Este pequeno livro fala do julgamento moral de Deus contra as nações. Edom será julgada por sua desumanidade. Finalmente, todas as nações serão julgadas no Dia do Senhor. Concordo com C. F. Keil quando ele diz que o julgamento de Edom representa o julgamento de todas as nações ímpias e de todo o poder do mundo que se insurge contra Deus.[23] 3) O reino divino. O alvo final da profecia de Obadias é que os reinos do mundo cairão, e no final o Reino será do Senhor (Ob 15; Ap 11.15).[24] Vamos destacar alguns propósitos importantes desse precioso livro.

Em primeiro lugar, *mostrar que Deus tem zelo pelo povo da sua aliança*. O povo de Judá estava sendo arrasado pela Babilônia, que com mão de ferro saqueava, matava e deportava os indefesos judaítas. Ao mesmo tempo, Edom se ajuntava à truculenta Babilônia para oprimir ainda mais a Judá.

Os invasores sentem-se fortes e inexpugnáveis, tripudiando sobre a frágil cidade de Jerusalém. No entanto, os acontecimentos tomarão novo rumo. O curso da história será radicalmente alterado. Aqueles que estavam no topo da pirâmide despencarão para o chão, e aqueles que estavam prostrados farão uma viagem rumo ao topo. Deus tem zelo pelo povo da sua aliança. Judá será restaurada, mas a Babilônia e a Edom cairão sem experimentar um tempo de restauração (Ml 1.2-5). A vitória não é dos fortes nem dos poderosos, mas daqueles que esperam no Senhor.

Em segundo lugar, *mostrar que o orgulho precede a ruína*. Edom habita no monte Seir, uma cordilheira de montanhas rochosas. Ali estava a capital Sela, chamada mais tarde de Petra, a inexpugnável cidade edomita. Do alto de suas rochas escarpadas, os edomitas se vangloriavam de colocar o seu ninho entre as estrelas (Ob 4). Jamais aquela fortaleza havia sido saqueada. Eles se sentiam seguros, blindados por uma fortaleza natural. Mas Deus diz por meio do profeta Obadias que, ainda que eles colocassem o seu ninho entre as estrelas, de lá seriam derrubados. A soberba é a sala de espera do fracasso. Onde o orgulho levanta sua bandeira, a derrota fragorosa é inexoravelmente imposta.

Clyde Francisco coloca esse fato nas seguintes palavras:

> Os edomitas eram descendentes de Esaú, sendo povo orgulhoso, vivendo na montanha, ao redor das fortalezas de Petra, esculpidas na rocha viva, nas bordas de grande via caravaneira que ia do norte ao mar Vermelho e era trafegada tanto por grandes comerciantes como por grandes bandidos. A cidade era protegida por maciços rochosos, alguns com 300 m de altura, e só podia ser atingida por meio de uma abertura estreita franchada na montanha, que, por sua vez, terminava numa garganta, onde dificilmente dois cavalarianos podiam cavalgar lado a lado. Era, pois, natural que os edomitas se sentissem sempre seguros por detrás do seu fortim.[25]

A arrogante cidade dos edomitas foi tomada, seus bens foram saqueados, seu povo foi disperso e eles colheram exatamente o que plantaram. O mal que eles despejaram sobre a cabeça dos judeus caiu sobre a sua própria cabeça.

Em terceiro lugar, *mostrar que ninguém está seguro escarnecendo dos princípios de Deus*. Edom não agiu com urbanidade nem com fraternidade em relação aos judaítas. Eles olhavam para os judaítas como inimigos. Não defenderam seus irmãos nem choraram pela tragédia que sobre eles se abateu. Antes, vibraram com sua ruína e participaram de sua pilhagem. Esse gesto não apenas fez amargar a vida dos judaítas, mas provocou a ira de Deus. Foi a quebra desse princípio do amor fraternal que levou Edom à sua derrota final e definitiva.

Gleason Archer diz que o Senhor suscitou os árabes nabateus contra Edom nos séculos 6 e 5, pelo que os edomitas foram completamente erradicados das áreas que seus ancestrais haviam tradicionalmente ocupado na região do monte Seir. Quando os nabateus estabeleceram seu reino no antigo território edomita, esse povo encontrou refúgio nas áreas abandonadas ao sul da Judéia, que passou a chamar-se Iduméia.[26]

Nessa mesma linha de pensamento, Clyde Francisco diz que, em 312 a.C., os árabes expulsaram os edomitas do seu reduto próximo ao mar Vermelho, capturando a capital dos idumeus, Sela, e rebatizando-a como Petra. Segundo a profecia de Obadias, os seus descendentes vieram a se estabelecer no Neguebe e, por meio de casamentos com outros povos, tornaram-se os *idumeus* do Novo Testamento. Herodes, o Grande, veio desta linhagem, de modo que nela e em Jesus podemos ver, por outro ângulo, a luta e o contraste entre edomitas e israelitas. Em 70 d.C., Tito destruiu tanto os idumeus (edomitas) como os israelitas, fazendo os primeiros desaparecer definitivamente da história.[27]

Em quarto lugar, *mostrar que aqueles que semeiam o mal colhem o mal*. O mal que Edom fez a Judá caiu sobre a sua própria cabeça. Aqueles que plantam o mal colhem o mal. Aqueles que semeiam vento colhem tempestade. Aqueles que semeiam na carne, da carne colhem corrupção. Querer fazer o mal e receber o bem é zombar de Deus, e de Deus ninguém zomba (Gl 6.7)!

Obadias descreve Edom como um povo orgulhoso (Ob 3), violento (Ob 10), pronto a regozijar-se com a desventura de um irmão (Ob 12) e matando traiçoeiramente fugitivos (Ob 14). Edom fará uma colheita amargas de seus atos truculentos – será submetido a julgamento (Ob 2,3,7,8), será envergonhado (Ob 10), destruído (Ob 18) e, apesar disso, será possuído e governado por Iavé (Ob 19-21).[28]

Em quinto lugar, *mostrar que o povo de Deus, mesmo sendo agora humilhado, triunfará.* Judá foi econômica e politicamente arrasada. Jerusalém tornou-se um montão de pedras e escombros. A cidade foi destruída desde os fundamentos. O templo foi derrubado. O povo foi passado ao fio da espada e deportado. Durante setenta anos, eles ficaram debaixo de um jugo pesado na Babilônia. Os que permaneceram na província estavam cercados de inimigos, com os muros quebrados, as portas queimadas, vivendo em grande miséria e opróbrio. Houve, porém, um dia em que Deus tirou a canga de sobre o pescoço do seu povo. Houve um dia em que Deus arrebentou seus grilhões. Houve um dia em que Deus restaurou seu povo à sua terra. Também haverá um dia em que o nosso Senhor voltará em glória e nos levará salvos para o seu Reino de luz.

Em sexto lugar, *mostrar que o Reino de Deus triunfará sobre todos os reinos do mundo.* Os reinos do mundo têm os pés de barro. Um dia eles se tornarão pó, mas o Reino de Deus se erguerá invencível, vitorioso e eterno. Edom caiu, a Babilônia caiu, o império medo-persa caiu, o império grego caiu, o império romano caiu, e todos os demais impérios caíram ou ainda cairão, mas o Reino será do Senhor (Ob 21). O Reino de Deus sobrepuja todos os reinos deste mundo. Ele cobrirá toda a terra como as águas cobrem o mar (Hc 2.14). O Reino será do Senhor e do seu Cristo eternamente, escreveu João: "O reino do mundo se tornou de nosso Senhor e do seu Cristo, e ele reinará pelos séculos dos séculos" (Ap 11.15).

Gerard Van Groningen corrobora a idéia: "A mensagem de Obadias é que Iavé tratará com todas as gentes e nações e elas virão a conhecer e experimentar o seu julgamento, sua libertação, seu ato de unir todos os povos, e seu governo eterno regerá sobre eles".[29] Nenhuma nação será dominante, pois todas elas, juntas, formarão o povo de Iavé. O dia de Iavé incluirá todas as gentes e nações (Ob 15). Isto começou imediatamente depois que o Messias andou pela terra e subiu ao trono à direita do Pai. A mensagem de Obadias culminará no dia em que o Messias voltar, de uma vez por todas, para reunir seu próprio povo dentre todas as gentes e para reinar sobre ele nos novos céus e nova terra, em seu reino eterno.[30]

Em sétimo lugar, *mostrar que a história está rigorosamente nas mãos de Deus*. Os edomitas pensaram que estavam ajudando a colocar uma pá de cal sobre Judá. Eles pensaram que a Babilônia estava no controle da situação e que eles eram seus coadjuvantes na empreitada de destruir Jerusalém. Mas as rédeas da história não estão nas mãos dos poderosos deste mundo. Quem está assentado na sala de comando do universo é o Deus Todo-poderoso. É Deus quem conduz a história para o seu fim glorioso, quando seu povo será exaltado e glorificado.

Notas do capítulo 1

[1] SCHULTZ, Samuel J. *A história de Israel no Antigo Testamento.* São Paulo: Vida Nova, 1977, p. 385.

[2] Isaías 34.5-7; 63.1-6; Jeremias 49.7-22; Lamentações 4.21,22; Ezequiel 26.12-14; 35; Joel 3.19; Amós 1.11,12.

[3] WIERSBE, Warren W. *Comentário bíblico expositivo.* Vol. 4. Santo André: Geográfica, 2006, p. 460.

[4] COELHO FILHO, Isaltino Gomes. *Obadias e Sofonias: nossos contemporâneos.* Rio de Janeiro: JUERP, 1993, p. 14.

[5] SMITH, George Adam. *The book of the twelve prophets.* Vol. II. Nova York: Harper & Brothers Publishers, 1938, p. 182.

[6] COELHO FILHO, Isaltino Gomes. *Obadias e Sofonias: novos contemporâneos,* p. 14.

[7] COELHO FILHO, Isaltino Gomes. *Obadias e Sofonias: novos contemporâneos,* p. 15.

[8] PAPE, Dionísio. *Justiça e esperança para hoje.* São Paulo: ABU, 1983, p. 103.

[9] DEANE, W. J. *The pulpit commentary on Obadiah.* Vol. 14. Grand Rapids, Michigan: Wm B. Eerdmans Publishing Company, 1978, p. II.

[10] COELHO FILHO, Isaltino Gomes. *Os profetas menores (I).* Rio de Janeiro: JUERP, 2004, p. 112.

[11] Gênesis 32.3; 36.20,21,30; Números 24.18.

[12] BAKER, David W. et al. *Obadias, Jonas, Miquéias, Naum e Sofonias.* São Paulo: Vida Nova, 2006, p. 25.

[13] CRABTREE, A. R. *Profetas menores.* Rio de Janeiro: Casa Publicadora Batista, 1971, p. 64.

[14] PEARLMAN, Meyer. *Através da Bíblia.* Miami: Vida, 1987, p. 153.

[15] CHAMPLIN, Russell Norman. *O Antigo Testamento interpretado versículo por versículo.* Vol. 5. São Paulo: Hagnos, 2003, p. 3537.

[16] COELHO FILHO, Isaltino Gomes. *Os profetas menores (I),* p. 109.

[17] CRABTREE, A. R. *Profetas menores,* p. 63.

[18] ARMERDING, Carl E. *Zondervan NIV Bible commentary.* Vol. I. Grand Rapids, Michigan: Zondervan Publishing House, 1994, p. 1454.

[19] FRANCISCO, Clyde T. *Introdução ao Velho Testamento.* Rio de Janeiro: JUERP, 1979, p. 115.

[20] GRONINGEN, Gerard Van. *Revelação messiânica no Velho Testamento.* Campinas: Luz para o Caminho, 1995, p. 420.

[21] BAXTER, J. Sidlow. *Examinai as Escrituras*: Ezequiel a Malaquias. São Paulo: Vida Nova, 1995, p. 155.
[22] PAPE, Dionísio. *Justiça e esperança para hoje*, p. 101.
[23] KEIL, C. F. E DELITZSCH, F. *Commentary on the Old Testament*. Vol. X. Grand Rapids, Michigan: William B. Eerdmans Publishing Company, 1978, p. 338.
[24] SHEDD, Russell. O *novo dicionário da Bíblia*. Vol. III. São Paulo: Vida Nova, 1978, p. 1133.
[25] FRANCISCO, Clyde T. *Introdução ao Velho Testamento*, p. 116.
[26] ARCHER, Gleason. *Enciclopédia de dificuldades bíblicas*. São Paulo, Vida Nova, 1998, p. 320.
[27] FRANCISCO, Clyde T. *Introdução ao Velho Testamento*, p. 117.
[28] GRONINGEN, Gerard Van. *Revelação messiânica do Velho Testamento*, p. 421.
[29] GRONINGEN, Gerard Van. *Revelação messiânica no Velho Testamento*, p. 422.
[30] GRONINGEN, Gerard Van. *Revelação messiânica no Velho Testamento*, p. 423.

Capítulo 2

A alegria do pecado não dura para sempre
(Obadias 1-14)

É MUITO CONHECIDA a expressão bíblica: "Ao anoitecer, pode vir o choro, mas a alegria vem pela manhã" (Sl 30.5b). Depois das trevas vem a luz, depois do choro vem a alegria, depois do vale vem o manancial. A alegria do pecado não dura para sempre. Ela atrai juízo. O contentamento com a desgraça alheia acarreta tragédia. A alegria movida pelo combustível da soberba desemboca em choro amargo. A alegria do pecado converte-se em choro e ranger de dentes.

Edom alimentou-se de ódio durante dois mil anos. Sua ira jamais deixou de despedaçar (Am 1.11,12). Edom tornou-se contumaz na sua animosidade. Nunca aprendeu a perdoar. Sempre se alimentou com o absinto do ressentimento. Em várias ocasiões, insurgiu-se contra a nação que nasceu do mesmo ventre. Agora, o cálice da ira de Deus transbordou contra essa nação orgulhosa, quando Edom aplaudiu com efusiva alegria a avassaladora invasão da Babilônia contra Jerusalém. Edom não adotou apenas uma atitude passiva diante da tragédia de seu irmão, mas se aliou ativamente ao inimigo nessa pilhagem e matou de forma truculenta e covarde os infelizes que tentavam escapar.

Agora Deus embocará sua trombeta para os altos escarpados do monte Seir. Agora Deus derrubará de sua posição arrogante essa nação soberba e pretensiosa. Agora Deus convocará outros povos para saquear a inexpugnável cidade construída no alto dos rochedos. Agora Deus fortalecerá os braços dos guerreiros, que penetrarão os muros de pedra natural para saquear completamente esse povo que se julgava invencível. Ninguém pode lutar contra Deus e prevalecer. Ninguém pode lutar contra o povo de Deus e ficar impune.

Vejamos algumas lições importantes do texto em tela.

A mensagem às nações (Ob 1)

O livro começa com a tradicional expressão "Visão de Obadias". A palavra hebraica *hézon*, "visão", é termo genérico a designar a comunicação divina.[31] Era a palavra comumente empregada no Antigo Testamento para designar uma revelação de Deus. A. R. Crabtree diz que *hézon* significa "a palavra", "o oráculo" e "a mensagem do Senhor" que o profeta inspirado recebe diretamente do Senhor. O mensageiro do Senhor entende a visão e sabe distingui-la do seu próprio pensamento ou imaginação. Reconhece também a vocação de transmitir a mensagem divina ao seu povo.³² Assim, o profeta enfatiza fortemente que o que ele tem a dizer procede do Senhor.³³ A fonte da mensagem é Iavé, o Deus da aliança com Israel, que é Senhor e soberano sobre todas as nações.³⁴ Essa era a maneira comum de Deus dirigir-se aos profetas.

Não se trata aqui de uma visão subjetiva do profeta, mas de uma revelação objetiva de Deus. A visão não nasceu no coração do profeta, mas na mente de Deus. Não se trata de uma visão mística, mas de uma mensagem recebida do céu para ser anunciada na terra. Assim como Isaías (Is 1.1), Miquéias (Mq 1.1), Naum (Na 1.1) e Habacuque (Hc 1.1), o profeta Obadias recebeu sua mensagem do Senhor por meio de uma visão.³⁵ Hoje, muitos pregadores anunciam em nome de Deus suas próprias idéias contrárias às Escrituras. É preciso discernimento para afirmar o que vem de Deus e o que provém de nossos desejos. Algumas vezes as pessoas sacralizam suas opiniões pessoais e valorizam tanto seus desejos que os manifestam como se fosse um oráculo divino.³⁶

O profeta Obadias reconhece a inspiração divina nas suas palavras. Não prega uma mensagem criada por si próprio, mas uma mensagem recebida de Deus. "Assim diz o Senhor Deus a respeito de Edom" (Ob 1). O profeta não gera a mensagem, apenas a transmite. A mensagem não tem sua fonte e origem no ser humano, mas em Deus. A mensagem não procede da terra, mas do céu. Não nasce como fruto da lucubração humana, mas da revelação divina. Isaltino Filho destaca corretamente que Obadias não é um nacionalista com um panfleto político contra inimigos de sua nação. É um homem com uma mensagem de Deus.³⁷ Muitos pregadores hoje abandonaram a Palavra para pregar sonhos, visões e revelações forâneas às Escrituras. O pregador não é a fonte da mensagem, apenas o instrumento de sua comunicação. Somos servos, e não donos, da mensagem.

A primeira mensagem que Obadias escuta é endereçada não a Edom, mas às nações. Dionísio Pape diz que a profecia de Obadias começou com a visão de uma guerra futura, à qual o Senhor chama todas as nações.[38] Deus é o agente da História. Ele governa sobre os reinos e nações (2Cr 20.6; Dn 5.21). A agenda das nações é traçada no céu, e não na terra. A geografia dos povos é alterada pelo desiderato divino, e não pela força militar dos povos. Foi Deus quem entregou Judá à Babilônia; agora, é Deus quem convoca as nações para invadir Edom.

Conforme descrição de Warren Wiersbe, Deus disse a seu servo que um embaixador de uma nação aliada de Edom estava visitando outras nações para convencer seus líderes a unir forças e atacar Edom. Na verdade, o Senhor é que havia ordenado essa mudança política, e aquilo que parecia ser apenas mais uma visita diplomática era na verdade a execução do juízo de Deus contra Edom.[39] O profeta alude a uma liga de nações que se levantaria contra Edom. "Todos os teus aliados te levaram para fora dos teus limites" (Ob 7). Isaltino Filho é pertinente quando escreve:

> A idéia de que Deus comanda a história e a faz caminhar na direção de sua vontade final é muito forte nos profetas [...]. Obadias vai mostrar como Deus conduz a história. Não se trata de um ocasional evento histórico o que vai acontecer com Edom. Não está se tratando meramente de nações contra nações, mas de um ato planejado da parte de Deus [...]. Obadias nos ensina que nenhuma nação pode sentir-se segura só porque tem um exército poderoso ou pode pensar que se manterá indefinidamente como poderosa. Um olhar pela história mostra que grandes e bem armadas nações desapareceram [...]. A arrogância de Edom teria fim. A arrogância de nações belicamente

invencíveis terá fim, se não compreenderem a soberania de Deus e se não se submeterem aos seus propósitos.[40]

O juízo a Edom (Ob 2)

Deus diz a Edom: "Eis que te fiz pequeno entre as nações; tu és mui desprezado" (Ob 2). A expressão original diz "'te *farei* pequeno", com o verbo no perfeito profético, indica um acontecimento já determinado por Deus, mas que ainda há de acontecer no futuro.[41] Há duas verdades solenes aqui que precisamos destacar.

Em primeiro lugar, *é Deus quem exalta e quem humilha* (Ob 2). Edom não se tornou pequeno; ele foi feito pequeno. Foi o próprio Deus o agente da humilhação desse povo. Foi Deus quem cortou suas asas no alto dos montes e depois o derrubou de lá (Ob 4). A aparente grandeza dos orgulhosos não dura para sempre. A soberba é a rampa do fracasso. A soberba é o corredor da morte. A soberba é o cadafalso dos que tombam vencidos pela loucura de se insurgir contra Deus e seu povo. Isaltino Filho diz que, embora Edom tivesse elevado conceito de si mesmo, o fato é que Deus nunca o constituíra uma grande nação. A questão é que Edom não era o que presumia ser. E nunca seria.[42]

Em segundo lugar, *é Deus quem preza e quem despreza* (Ob 2). Edom não é apenas pequeno, mas também desprezado, e desprezado não somente na terra, mas igualmente no céu. Edom é desprezado por Deus (Ml 1.2-5). Podemos ser desprezados pelos homens, mas se formos prezados por Deus manter-nos-emos em pé. Mas quem subsistirá se tiver de beber o cálice do desprezo de Deus? Deus desprezou Edom no céu e o tornou desprezado na terra (Hb 12.16,17). Assim como Edom tratou Judá, ele será tratado. Assim como Edom desprezou seu irmão, será desprezado pelos povos.

Seu mal feito caiu sobre sua própria cabeça. Jesus foi soleníssimo ao advertir: "Como quereis que os homens vos façam, assim fazei-o vós também a eles" (Lc 6.31).

A soberba de Edom (Ob 3,4)

A soberba derrubou o querubim da guarda no céu e derrubou Adão no Éden. A soberba tem derrubado muitas nações poderosas e imposto fragorosas derrotas a exércitos expansionistas. A soberba tem sido a cova de muitos homens altivos. "A soberba precede ruína, e a altivez de espírito, a queda" (Pv 16.18). Edom era uma nação altiva que se considerava invencível e intocável. Encastelado no alto de rochas escarpadas, nos montes alcantilados, Edom fez seu ninho entre as estrelas e se julgou invulnerável.

Obadias denuncia a soberba de Edom. Armor Peisker escreve sobre os trágicos frutos do orgulho, dizendo que: 1) O orgulho do coração é enganoso (Ob 3a): no comércio, nos assuntos intelectuais e nos valores morais. 2) O orgulho do coração é atrevido (Ob 3c): atreve-se a contar com as vantagens materiais e a própria habilidade humana sem pensar na intervenção divina. 3) O orgulho do coração é destrutivo (Ob 4): isso porque Deus pode usar vários meios de abater os orgulhosos.[43] Obadias destaca cinco verdades solenes sobre a questão da soberba de Edom.

Em primeiro lugar, *a fonte da soberba* (Ob 3). Diz o profeta: "A soberba do teu coração...". O coração é o ventre onde é concebida a soberba. É desse útero cheio de corrupção e enganos que nasce esse monstro que tem destruído pessoas, famílias, igrejas, nações e povos. O coração é enganoso e assaz corrupto (Jr 17.9). Dele procedem as fontes do mal (Mc 7.21-23). A soberba de Edom nasceu no coração de Edom.

Em segundo lugar, *a causa da soberba* (Ob 3). Prossegue o profeta: "... ó tu que habitas nas fendas das rochas, na tua alta morada...". A posição geográfica de Edom lhe dava uma falsa segurança. Sua localização estratégica na rota do comércio lhe rendia ricos dividendos. Seus tesouros estavam bem guardados. Suas cidades estavam incrustadas no alto dos penhascos e seu ninho se colocava entre as estrelas. Edom pensou que o lugar onde morava e a riqueza que possuía eram seus verdadeiros protetores. Mas projeção social e econômica não pode dar segurança a uma nação. O profeta Jeremias diz que o sábio não deve gloriar-se no seu conhecimento, nem o forte na sua força, nem mesmo o rico na sua riqueza, mas em conhecer a Deus (Jr 9.23).

Em terceiro lugar, *o engano da soberba* (Ob 3). Obadias declara: "A soberba do teu coração te enganou...". A soberba é um laço para os pés e uma armadilha para a alma. Parece ser uma rede de aço, mas seus fios são tão fracos quanto os de uma estopa velha. A soberba toma o homem pela mão e o leva para o alto dos montes, só para ele sofrer uma queda mais violenta e desastrada. Confiar no homem e nos seus próprios recursos, em vez de confiar em Deus, é a mais consumada loucura, o mais terrível dos enganos. A soberba tem derrubado mais nações do que suas próprias fraquezas. Quando o homem pensa que é forte, aí está sua mais consumada fraqueza.

Em quarto lugar, *a presunção da soberba* (Ob 3). Obadias ainda diz: "... e dizes no teu coração: Quem me deitará por terra?". A soberba não apenas engana, mas engana com acintosa presunção. Edom não apenas se sentia seguro, mas também desafiava arrogantemente as nações vizinhas, dizendo: "Quem me deitará por terra?" Edom não se contentava em viver em segurança; queria demonstrar isso para os outros povos de forma desafiadora.

Talvez Edom não visse no cenário político nenhuma nação capaz de derrotá-lo. Mas e Deus? Deus aceita o desafio e o derruba de entre as estrelas. Não há homens nem nações invencíveis para o Eterno. Charles Feinberg disse corretamente que Edom pode ser inacessível ao homem, mas não a Deus. Quanto maior o orgulho, tanto mais desastrosa a queda.[44]

Em quinto lugar, *a ruína da soberba* (Ob 4). Finalmente, Obadias fala em nome de Deus: "Se te remontares como águia e puseres o teu ninho entre as estrelas, de lá te derribarei, diz o SENHOR". Russell Norman Champlin diz que a arrogante nação de Edom parecia uma águia que armara seu ninho na fenda de uma rocha e olhava para outros animais com grande desdém, como se eles fossem as formigas da terra.[45] A cidade de Petra, encravada no alto dos montes, com suas luzes acesas à noite, parecia um céu estrelado, e assim os edomitas, como águias, colocaram o ninho de seus filhos no alto dos penhascos (Jó 39.27,28). Isso lhes trazia muito orgulho e um profundo senso de segurança. Mas Edom esqueceu que o orgulho é uma guerra não contra os homens, mas contra Deus. Deus resiste ao soberbo e declara guerra contra ele (1Pe 5.5).

Isaltino Filho destaca três lições importantes aqui. A primeira delas é que para Deus ninguém é inexpugnável. Ninguém desafia a Deus em segurança. Não há seguro contra o juízo divino quando este é decretado. Não há segurança contra Deus. A segunda lição é que Deus usa uma nação para disciplinar outras nações. Elas não agem de modo independente do querer divino. São meros instrumentos que o Senhor utiliza. A terceira é que a nação que Deus usará mais tarde será de igual modo disciplinada ou até destruída, caso se entregue também à soberba (Is 10.5). Ninguém é credor de Deus. Nem mesmo nós. Ele não nos deve nada, caso nos use em seu trabalho. Não somos imprescindíveis nem insubstituíveis. Homens e nações são apenas instrumentos. Deus é o agente.[46]

A pilhagem de Edom (Ob 5-10)

Obadias pinta um quadro vívido e aterrador do saque que as nações farão ao entrar pelas portas das cidades de Edom. Elas serão mais agressivas que os ladrões e mais devastadoras que os vindimadores. Ao entrar em uma casa, um ladrão não consegue levar tudo o que tem lá dentro, assim como um vindimador não consegue apanhar todas as uvas de uma vinha. Os invasores, porém, irão rebuscar, saquear, espoliar e roubar todos os bens de Edom.

Vamos destacar os resultados dessa pilhagem de Edom.

Em primeiro lugar, *a perda total dos bens* (Ob 5,6). Edom tinha uma economia forte e por duas razões: Primeiro, ficava na rota comercial mais importante entre o norte e o sul. Toda a riqueza que transitava no mundo de então passava por suas portas, e Edom tirava proveito disso. Segundo, Edom não gastava dinheiro com segurança própria nem com guerras. Sua privilegiada posição geográfica, encravada nas rochas mais elevadas, às margens do mar Vermelho, lhe dava uma segurança humanamente invulnerável. Suas riquezas não foram apenas rebuscadas, contudo, mas completamente saqueadas. Ao contrário dos ladrões comuns, os saqueadores levariam tudo o que pudessem encontrar e, ao contrário dos apanhadores de uvas, não deixariam nada para trás que pudesse ser apanhado por outros. Seria o fim de Edom e de toda a riqueza ostentada.[47]

Na busca de pilhar, o inimigo esquadrinhará os tesouros de Edom, que estavam escondidos. Petra, a capital de Edom, era o grande mercado do comércio sírio e árabe, onde estavam bem guardados muitos artigos de grande valor. Esses serão roubados.[48] David Baker diz que Edom devia conhecer, pela experiência, a chegada de ladrões sorrateiros e roubadores violentos.[49]

Em segundo lugar, *a perda total das alianças feitas* (Ob 7). Edom fez alianças estratégicas com outras nações para se proteger e também para atacar a Israel (Sl 83.1-8), e essas alianças tornaram-se uma rede para seus próprios pés. As alianças foram quebradas por essas nações e esses povos se voltaram contra Edom, que foi destruído traiçoeira e implacavelmente.

A confiança de Edom estava em suas alianças políticas, e não em Deus. A Bíblia, porém, diz que maldito é o homem que confia no homem, faz da carne mortal o seu braço e aparta o seu coração do Senhor (Jr 17.5). Deus transformou amigos em inimigos, aliados em traidores, e esses aliados prepararam uma armadilha e pegaram os edomitas de surpresa. Edom perdeu sua soberania nacional. Perdeu sua terra, suas cidades, sua independência política. Warren Wiersbe faz soar seu alerta:

> Hoje em dia, as nações que se gabam de suas alianças e de seus enormes exércitos deveriam atentar para o que aconteceu com Edom muito tempo atrás, pois aquela nação altiva já não existe mais. Não tardou para que os árabes nabateus expulsassem os edomitas e ocupassem a cidade estratégica de Petra, a "cidade rosada", entalhada nas rochas. Os romanos mais tarde tomaram Petra, e o declínio do número de caravanas que passavam por lá acabou levando a nação à extinção.[50]

Em terceiro lugar, *a perda total da sabedoria* (Ob 8). A atitude de Edom de colocar sua confiança nas riquezas, nas alianças políticas e na sua posição geográfica era uma consumada falta de sabedoria. Essa era uma base rota. Não há sabedoria fora de Deus, pois o temor do Senhor é o princípio da sabedoria (Pv 1.7).

A sabedoria dos edomitas era proverbial. Jeremias ironiza Edom depois que esse povo perdeu sua sabedoria (Jr 49.7).[51] Em face de sua comunicação com a Babilônia e o Egito, e da informação recolhida das caravanas que faziam comércio com a Europa e a Índia, Edom havia conquistado invejável reputação de sabedoria.[52] Nesse mesmo sentido, Warren Wiersbe diz que, uma vez que os edomitas estavam localizados nas grandes rotas comerciais, os líderes de Edom tinham acesso a notícias e a idéias de muitas nações. Os edomitas possuíam pensadores famosos, dados à especulação teológica e filosófica. Elifaz, um dos amigos de Jó, era de Temã, que ficava em Edom (Jó 2.11; 42.7).[53]

Sem sabedoria, os edomitas ficaram confusos e entraram em colapso. A sabedoria do mundo é loucura para Deus (1Co 1.17,18). A sabedoria de Edom encheu seu coração de vaidade. Sua sabedoria levou-o para longe de Deus, fazendo-o confiar em si mesmo e em alianças perigosas. Isaltino Filho escreve com grande lucidez:

> Aprendemos neste texto que, por mais bem protegido que alguém esteja e por mais sabedoria que consiga acumular, não pode se esconder de Deus ou fugir de seu juízo. O homem é julgado pelos seus pecados. Seu dinheiro e sua sabedoria não lhe imputam segurança. Na sociedade contemporânea, as pessoas vivem como se não houvesse o Deus moral, que julga os homens.[54]

Em quarto lugar, *a perda total do poder militar* (Ob 9). As riquezas de Edom foram rebuscadas. As alianças feitas por Edom foram quebradas. A sabedoria de Edom desvaneceu-se, e os exércitos de Edom foram exterminados. Sua ruína foi completa, sua derrota fragorosa. David Baker diz que esses oráculos avançam na direção a um clímax com: a) a pilhagem contra os ricos (Ob 5,6); b) a perda da sabedoria e do entendimento (Ob 7,8); e c) a perda da força militar (Ob 9). Ruirá a própria estrutura da sociedade; ou seja, os elementos que a constituem: bem-estar econômico, governo sábio e segurança militar representadas pelas forças armadas e pelos acordos internacionais.[55]

Em quinto lugar, *a perda total da honra* (Ob 10). Violência gera violência, e opressão desemboca em desonra. O profeta proclama: "Por causa da violência feita a teu irmão Jacó, cobrir-te-á a vergonha, e serás exterminado para sempre". Vergonha e destruição constituíam o salário de Edom por suas obras cruéis. A destruição de Edom seria muito mais amarga, porque viria das mãos de amigos com quem Edom mantinha alianças (Ob 7). Edom perdeu seu nome, seus bens, sua pátria, sua honra.

Não se hostiliza o povo de Deus impunemente. Não se foge ao juízo divino para dentro de cavernas rochosas. Não há nenhum lugar no universo capaz de nos esconder de Deus. De Deus não se zomba, pois aquilo que o homem semear, isso ele ceifará (Gl 6.7). A violência gera violência e desemboca na desonra.

A crueldade de Edom (Ob 11-14)

Obadias passa da descrição da pilhagem de Edom para as razões pelas quais está sendo pilhado. Temos, agora, o boletim de ocorrência contra esse obstinado inimigo de Israel.[56] J. R. Thomson destaca os detalhes dessa crueldade, pois Edom se alegra com a pilhagem de Jerusalém e dela participa. O texto também fala sobre os agravantes dessa crueldade, pois Edom não está atacando um estranho nem um inimigo, mas seu irmão, e, finalmente, aborda a penalidade dessa crueldade, mostrando que aquilo que Edom semeou, isso ele colherá.[57]

O mal feito praticado por Edom contra Jacó está agora caindo sobre sua própria cabeça. Edom está fazendo uma amarga colheita da sua maldita semeadura. Edom está recebendo a paga com juros e correções de seus atos cruéis.

O que Edom fez? Foi um dos invasores, olhou com prazer a desgraça alheia, alegrou-se, portou-se arrogantemente, saqueou os bens do fraco e matou e capturou os fugitivos. David Baker diz que os verbos avançam de uma atitude interna para uma ação exterior.[58] David Charles Feinberg agrupa esses ultrajes em sete atitudes de Edom: 1) Violência (Ob 10); 2) atitude hostil (Ob 11); 3) alegria diante da calamidade de Jerusalém (Ob 12); 4) jactância no dia da angústia de Jacó (Ob 12); 5) espoliação do povo de Deus (Ob 13); 6) obstáculos aos fugitivos que queriam escapar (Ob 14); 7) traição ao entregar seus irmãos ao inimigo (Ob 14).[59]

Essas atitudes não foram esquecidas pelos hebreus no cativeiro: "Contra os filhos do Edom, lembra-te, Senhor, do dia de Jerusalém, pois eles diziam: Arrasai-a, arrasai-a, até os seus fundamentos" (Sl 137.7). Deus não deixou impune a crueldade dos edomitas.

Destacaremos alguns pontos importantes acerca dessa crueldade.

Em primeiro lugar, *Edom luta contra seu irmão em vez de defendê-lo* (Ob 11). Assim diz o profeta: "No dia em que, estando tu presente, estranhos lhe levaram os bens, e estrangeiros lhe entraram pelas portas e deitaram sortes sobre

Jerusalém, tu mesmo eras um deles". Edom estava presente não para ajudar seu irmão, mas para aliar-se ao inimigo. Edom via seu irmão não como um amigo a quem socorrer, mas como a um inimigo a quem destruir. Edom não trazia alento no dia da dor, mas ainda maior perturbação. Não estava presente para ajudar, mas para matar. Sua presença não era uma fonte de consolo, mas de perturbação.

As palavras de Salomão são oportunas aqui: "Livra os que estão sendo levados para a morte e salva os que cambaleiam indo para serem mortos. Se disseres: Não o soubemos, não o perceberá aquele que pesa os corações? Não o saberá aquele que atenta para a tua alma? E não pagará ele ao homem segundo as suas obras?" (Pv 24.11,12). O profeta Amós denunciou Edom nos mesmos termos: "... porque perseguiu o seu irmão à espada e baniu toda a misericórdia; e a sua ira não cessou de despedaçar, e reteve a sua indignação para sempre" (Am 1.11).

Em segundo lugar, *Edom se alegra com a derrota do seu irmão em vez de chorar por ele* (Ob 12). Obadias escreve: "Mas tu não devias ter olhado com prazer para o dia de teu irmão, o dia da sua calamidade; nem ter-te alegrado sobre os filhos de Judá, no dia da sua ruína; nem ter falado de boca cheia no dia da angústia". "Não devias", "não devias", "não devias", "não devias". Mas fez. Por isso, recebeu a justa retribuição divina. Para os judeus, aquele foi um dia de destruição e angústia; mas, para os edomitas, foi um dia de prazer e regozijo.[60] A derrota de Judá era a vitória de Edom. A morte de Judá era a vida de Edom. O fracasso de Judá era o sucesso de Edom. No entanto, demonstrar alegria com o sofrimento do irmão é um ato de grande crueldade. A Bíblia nos ensina a chorar com os que choram e a nos alegrar com os que se alegram (Rm 12.15). Vibrar com a derrota dos outros e festejar sua calamidade é uma atitude que machuca as pessoas e atinge o coração de Deus. A Palavra de Deus sabiamente adverte: "Quando cair o teu inimigo, não te alegres, e não se regozije o teu coração quando ele tropeçar; para que o Senhor não veja isso, e lhe desagrade, e desvie dele a sua ira" (Pv 24.17). Warren Wiersbe diz corretamente que Deus não poupou os judeus, mas, em seu devido tempo, também julgou Edom (Ez 35.15; 36.5).[61]

Em terceiro lugar, *Edom pilha os bens do seu irmão no dia da sua calamidade em vez de socorrê-lo* (Ob 13). O profeta Obadias escreveu: "Não devias ter entrado pela porta do meu povo, no dia da sua calamidade; tu não devias ter olhado com prazer para o seu mal, no dia da sua calamidade; nem ter lançado mão dos seus bens, no dia da sua calamidade".

Edom aproveitou o dia da calamidade do seu irmão para saquear-lhe os bens, para tomar de assalto suas riquezas e para alegrar-se com sua ruína. Já foi terrível eles não terem feito coisa alguma por seus irmãos; pelo contrário, eles só observaram e se regozijaram com a calamidade deles; porém, quando ajudaram o inimigo, os edomitas foram longe demais em sua "briga de família", escreveu Warren Wiersbe.[62]

Os edomitas entraram na cidade e participaram da divisão dos espólios, e desse modo roubaram a riqueza de seus irmãos. Eles entraram pela porta não para prestar socorro, mas para ter um mórbido prazer com sua calamidade e para lançar mão dos seus bens. Sentir e fazer o mal constitui um grave pecado, mas sentir e fazer o mal no dia da calamidade do seu irmão é um pecado ainda mais repugnante.

Em quarto lugar, *Edom ajudou a matar a seus irmãos em vez de protegê-los* (Ob 14). Obadias conclui a sua descrição da crueldade de Edom, dizendo: "Não devias ter parado nas encruzilhadas, para exterminares os que escapassem; nem ter entregado os que lhe restasse, no dia da angústia".

A crueldade passiva dera lugar à aliança ativa com os destruidores de Jerusalém.[63] O prazer com a desgraça de Jerusalém dera lugar à violência contra Jerusalém. Edom não só sentiu prazer com a tragédia do seu irmão, mas se tornou o punho de ferro que ajudou a eliminar a seu irmão. Ele não apenas deixou de proteger os que tentavam escapar do cerco da Babilônia, mas se pôs nas encruzilhadas para matar os que tentavam escapar e entregou os outros nas mãos de seus próprios opressores. David Baker diz que as desprezíveis ações de Edom contra seu irmão atingiram o clímax com um ataque aos refugiados de Judá. Daí o castigo de Edom é apropriado a seu crime: aquele que exterminou os outros também será exterminado (Ob 9,10).[64]

Notas do capítulo 2

[31] BAKER, David W. et al. *Obadias, Jonas, Miquéias, Naum, Habacuque e Sofonias*, p 35.
[32] CRABTREE, A. R. *Profetas menores*, p. 73,74.
[33] COELHO FILHO, Isaltino Gomes. *Obadias e Sofonias: nossos contemporâneos*, p. 17.
[34] BAKER, David W. et al. *Obadias, Jonas, Miquéias, Naum, Habacuque e Sofonias*, p. 35.
[35] WIERSBE, Warren W. *Comentário bíblico expositivo*, p. 461.
[36] COELHO FILHO, Isaltino Gomes. *Obadias e Sofonias: nossos contemporâneos*, p. 18.
[37] COELHO FILHO, Isaltino Gomes. *Obadias e Sofonias: nossos contemporâneos*, p. 17.
[38] PAPE, Dionísio. *Justiça e esperança para hoje*, p. 103.
[39] WIERSBE, Warren W. *Comentário bíblico expositivo*, p. 461.
[40] COELHO FILHO, Isaltino Gomes. *Obadias e Sofonias: nossos contemporâneos*, p. 18,19.
[41] CRABTREE, A. R. *Profetas menores*, p. 75.
[42] COELHO FILHO, Isaltino Gomes. *Obadias e Sofonias: nossos contemporâneos*, p. 21.
[43] PEISKER, Armor D. "O livro de Obadias". In: *Comentário bíblico Beacon*. Vol. 5. Rio de Janeiro, CPAD, 2005, p. 133.
[44] FEINBERG, Charles L. *Os profetas menores*. Miami: Vida, 1988, p. 126.
[45] CHAMPLIN, Russell Norman. *O Antigo Testamento interpretado versículo por versículo*, p. 3539.
[46] COELHO FILHO, Isaltino Gomes. *Obadias e Sofonias: nossos contemporâneos*, p. 23.
[47] WIERSBE, Warren W. *Comentário bíblico expositivo*, p. 462.
[48] FEINBERG, Charles L. *Os profetas menores*, p. 126,127.
[49] BAKER, David W. et al. *Obadias, Jonas, Miquéias, Naum, Habacuque e Sofonias*, p. 40.
[50] WIERSBE, Warren W. *Comentário bíblico expositivo*, p. 463.
[51] COELHO FILHO, Isaltino Gomes. *Os profetas menores (I)*, p. 118.
[52] FEINBERG, Charles L. *Os profetas menores*, p. 127.
[53] WIERSBE, Warren W. *Comentário bíblico expositivo*, p. 463.
[54] COELHO FILHO, Isaltino Gomes. *Obadias e Sofonias: nossos contemporâneos*, p. 27.
[55] BAKER, David W. et al. *Obadias, Jonas, Miquéias, Naum, Habacuque e Sofonias*, p. 43.

[56] FEINBERG, Charles L. *Os profetas menores*, p. 127.
[57] THOMSON, J. R. *The pulpit commentary*. Vol. 14. Grand Rapids, Michigan: Wm B. Eerdmans Publishing Company, 1978, p. 10.
[58] BAKER, David W. et al. *Obadias, Jonas, Miquéias, Naum, Habacuque e Sofonias*, p. 44.
[59] FEINBERG, Charles L. *Os profetas menores*, p. 128.
[60] WIERSBE, Warren W. *Comentário bíblico expositivo*, p. 463.
[61] WIERSBE, Warren W. *Comentário bíblico expositivo*, p. 463.
[62] WIERSBE, Warren W. *Comentário bíblico expositivo*, p. 463.
[63] BAXTER, J. Sidlow. *Examinai as Escrituras: Ezequiel a Malaquias*, p. 157.
[64] BAKER, David W. et al. *Obadias, Jonas, Miquéias, Naum, Habacuque e Sofonias*, p. 45.

Capítulo 3

O julgamento dos ímpios e o triunfo do Reino de Cristo
(Obadias 15-21)

O LIVRO DE OBADIAS mostra como um pequeno problema familiar pode tornar-se uma grande batalha entre duas nações. Revela que adiar a solução de problemas domésticos pode desembocar em graves problemas internacionais.

O livro de Obadias revela de forma veemente que o pecado é malianíssimo. Ele separa o homem de Deus aqui e o lança fora da sua presença por toda a eternidade. O pecado é pior que a pobreza, a fome, a doença, e é pior ainda do que a própria morte, pois todos estes males, embora terríveis, não podem afastar-nos de Deus, mas o pecado nos afasta dele agora e na eternidade.

Vimos até aqui a arrogância dos edomitas, que confiaram em sua posição geográfica, em sua riqueza e em suas alianças para tripudiar sobre seus irmãos israelitas. Vimos como seu orgulho os enganou, como seus aliados os traíram e como suas riquezas foram rebuscadas e saqueadas.

Agora, vamos dar mais um passo e subir nos ombros dos gigantes, para olhar com uma visão de farol alto e perceber que o julgamento de Deus atinge o pecador não apenas aqui e agora, mas também na vida por vir. O pecado não ficará impune. O mal jamais triunfará sobre o bem. Os pecadores jamais escaparão do reto e justo julgamento de Deus.

O texto de Obadias 15-21 fala-nos sobre cinco solenes verdades. Vamos aqui considerá-las.

A retribuição (Ob 15,16)

Deus é justo, e sua justiça exige inexoravelmente que o pecado seja punido. O ser humano pode escapar da justiça dos homens, porém jamais escapará da justiça de Deus. Pode driblar as leis humanas e os tribunais terrenos, mas jamais poderá esconder-se do tribunal de Deus. Vejamos alguns aspectos da retribuição divina.

Em primeiro lugar, *o tempo da retribuição* (Ob 15). "Porque o Dia do SENHOR está prestes a vir..." (Ob 17). O Dia do Senhor tem duas dimensões: uma histórica e outra escatológica. Russell Norman Champlin diz que esse dia representa tanto o dia escatológico como o dia da calamidade.[65] Esse dia cumpriu-se quando Edom foi derrotado e ainda há de cumprir-se no último dia, quando todas as nações comparecerão perante Cristo para serem julgadas (Mt 25.31-46). O juízo de Deus é parcial agora e será completo e final no último dia. Agora, é o juízo misturado com a misericórdia; depois, será a consumação da cólera de Deus. Aqueles que vivem despreocupadamente e zombam de Deus, dizendo "Onde está a promessa da sua vinda?" (2Pe 3.4) ou "Onde está o Deus do juízo" (Ml 2.17) acordarão aterrados quando este dia chegar. Então, não haverá lugar seguro para eles em nenhum lugar da terra (Ap 6.12-17).

Armor Peisker diz corretamente que Obadias dá a entender que o julgamento de Edom não terminará apenas com a expulsão dos edomitas de sua pátria amada. Ele faz referência ao Dia do Senhor, um dos grandes temas do Antigo Testamento (Jl 1.15; 3.14; Sf 1.7). Naquele dia só o Senhor será exaltado (Is 2.11), e todas as nações que se esquecem de Deus serão castigadas (Sl 9.17).[66] David Baker diz que o Dia do Senhor será quando Deus derrotar o caos e as forças que se lhe opõem.[67]

Em segundo lugar, *o alcance da retribuição* (Ob 15). "... sobre todas as nações..." (Ob 15). Edom foi destacado como símbolo de todas as nações hostis a Deus. O juízo retributivo de Deus é universal. Alcançará todas as nações. Os grandes reinos e impérios do mundo foram, estão sendo e serão julgados por Deus. É ele quem levanta reinos e abate reinos. As nações não ficarão impunes diante daquele que se assenta no trono para julgar. As nações que agiram com crueldade e truculência, invadindo, saqueando e matando os indefesos, terão de enfrentar a ira do Cordeiro e a justa sentença do reto Juiz de vivos e de mortos.

A. R. Crabtree diz que, no dia do julgamento que se aproxima, todas as nações do mundo terão de prestar contas perante o tribunal do Senhor (Jl 1.15; 3.2; 3.14; Sf 1.7; Am 5.18-20; Mt 25.31-46).[68]

Em terceiro lugar, *a medida da retribuição* (Ob 15). "... como tu fizeste, assim se fará contigo..." (Ob 15). A lei da retribuição, baseada nas leis morais de Deus, será a base do julgamento divino.⁶⁹ Este versículo expressa a lei de talião, do latim *Lex talionis;* ou seja, "lei tal e qual". Moisés fala dessa lei nos seguintes termos: "Mas, se houver dano grave, então, darás vida por vida, olho por olho, dente por dente, mão por mão, pé por pé, queimadura por queimadura, ferimento por ferimento, golpe por golpe" (Êx 21.23-25). Essa é a lei que requer que as infrações sejam pagas com o culpado recebendo o mesmo tipo de castigo.⁷⁰

O critério do julgamento é absolutamente justo. A retribuição será paga na mesma moeda. Essa retribuição é tanto positiva quanto negativa. Positivamente falando, Jesus disse: "Como quereis que os homens vos façam, assim fazei-o vós também a eles" (Lc 6.31). Negativamente falando, essa retribuição é a colheita maldita de uma amarga semeadura: "... como tu fizeste, assim se fará contigo" (Ob 15).

Esse princípio da retribuição está presente na Bíblia e na História. Quem semeia vento, colhe tempestade. Quem fere a espada, perece pela espada. Quem maquina o mal, cai na sua própria armadilha. Os desafetos de Daniel tramaram contra ele para jogá-lo na cova dos leões, mas foram eles que terminaram devorados pelos leões. O ímpio Hamã tramou contra Mordecai e fez-lhe uma forca, mas ele mesmo é quem foi dependurado na forca. Edom agiu com violência contra seu irmão Jacó e foi vítima de violência. Agiu traiçoeiramente e foi vítima de traição de seus aliados. Saqueou Jerusalém e teve seus tesouros escondidos rebuscados. O apóstolo Paulo sintetiza esse princípio assim: "Não vos enganeis: de Deus não se zomba; pois aquilo que o homem semear, isso também ceifará" (Gl 6.7).

Em quarto lugar, *o peso da retribuição* (Ob 15,16). "... o teu malfeito tornará sobre a tua cabeça. Porque, como bebestes no meu santo monte, assim beberão, de contínuo, todas as nações: beberão, sorverão e serão como se nunca tivessem sido" (Ob 15,16). Edom abriu uma cova para Judá, e ele mesmo caiu nessa cova. Edom armou um laço para Judá, e ele mesmo caiu nesse laço. Edom praticou o mal contra Judá, e esse mal caiu sobre sua própria cabeça. Esse princípio está absolutamente claro em toda a Escritura. Quem maquina o mal se torna sua própria vítima.

Edom bebeu e farreou, com mórbida alegria, no monte Sião, ao ver a queda e a derrota de Jerusalém. Edom festejou a queda do seu irmão Jacó. Edom celebrou o fracasso dos infelizes judeus que estavam sendo pilhados. Aliou-se aos exploradores e também saqueou os bens do seu irmão. Edom sordidamente matou os que tentavam escapar e entregou outros tantos a seus opressores. Agora, porém, chegou sua vez de beber o cálice da ira de Deus. Edom tentou jogar uma pá de cal sobre seu irmão Jacó, mas este foi restaurado por Deus, enquanto Edom teve seu nome apagado da História.

Isaltino Filho diz corretamente que "beber" aqui significa provar a ira de Deus. Judá a provou. As demais nações, inclusive Edom, a provarão. É digno de nota que não será uma ira ocasional ou episódica. A contrário, será uma ira regular e constante. "Beberão, de contínuo, todas as nações".[71]

Warren Wiersbe argumenta que, não importa quão desolador o presente possa parecer ao povo de Deus, o justo Senhor que governa o céu retribuirá aos pecadores conforme seus pecados: aquilo que fizeram aos outros, isso lhes será feito. Visto que o Faraó ordenou o afogamento de todos os bebês hebreus do sexo masculino, Deus afogou o exército egípcio (Êx 1.16; 14.26-31).[72] "O justo é libertado da angústia, e o perverso a recebe em seu lugar" (Pv 11.8). Os julgamentos de Deus são verdadeiros e justos (Ap 16.7).

A restauração (Ob 17)

O juízo de Deus será universal. Não haverá nem sequer um lugar seguro no universo para os ímpios. Eles estarão completamente desamparados. As colunas do universo estarão bambas, e seu teto estará desabando sobre os desesperados. O universo inteiro estará em colapso nesse dia (Ap 6.12-17). Só haverá um lugar seguro, o monte Sião! Este monte Sião é um símbolo da igreja, enquanto o monte de Esaú (Ob 19) é um símbolo do mundo. James Wolfendale fala sobre a igreja como um centro de refúgio, como um lugar de beleza moral e como um lugar da posse da herança.[73] Examinemos mais de perto esses pontos.

Em primeiro lugar, *a igreja de Deus é lugar de livramento* (Ob 17). "Mas, no monte Sião, haverá livramento..." (Ob 17). Judá bebeu o cálice do julgamento no monte (Ob 16). Agora experimentará o livramento. Em Edom haverá escombros, mas em Judá haverá refúgio. Haverá juízo para os ímpios e livramento para o povo de Deus. Juízo para os impenitentes e salvação para os que confiam.[74]

Em contraste com a situação das nações que beberão o cálice da ira de Deus, no monte Sião haverá escape da ira divina.[75] A. R. Crabtree afirma corretamente que a profecia da salvação de um restante de Israel apresenta-se em Isaías 10.21,22. O profeta Obadias reconhece que alguns israelitas serão devidamente punidos, de acordo com a justiça de Deus. Mas por muito tempo os profetas, confiando nas promessas de Iavé, o Deus de Israel, tinham proclamado que o eterno propósito de Deus seria realizado por intermédio dos crentes fiéis de Israel, do povo escolhido do Senhor. Nem todos os judeus foram destruídos pelos caldeus. Alguns tinham permissão de ficar na sua terra; alguns fugiram para o Egito; e outros foram levados em cativeiro.[76] Deus, porém, livrou seu povo do cativeiro Babilônico e os livrará novamente nos últimos dias, quando estabelecerá seu reino.[77]

O monte Sião é onde está o templo, lugar da habitação de Deus. A igreja é o templo da habitação do Espírito. A igreja é a morada de Deus. Não há abrigo para o pecador a não ser na igreja do Deus vivo. Essa igreja não é uma denominação, mas todos aqueles que foram lavados e remidos no sangue do Cordeiro. Essa igreja é a noiva do Cordeiro. Aqueles que são salvos pela fé são batizados pelo Espírito, no corpo de Cristo, a igreja. Aqueles que correm para esse alto refúgio ficam protegidos e sobre eles não cairá nenhuma sentença condenatória.

Isso está de acordo com o que escreveu Isaltino Filho:

> Historicamente falando, foi somente por um único israelita fiel, Jesus Cristo, "o Leão da tribo de Judá" (Ap 5.5), que os propósitos salvadores de Deus foram realizados. Por sua morte, porém, o Cristo de Deus haveria de "reunir em um corpo os filhos de Deus, que andavam dispersos" (Jo 11.52); e nos propósitos de Deus, o Israel espiritual, seu povo escolhido, estará afinal completo em todas as suas tribos.[78]

Dionísio Pape diz que a pequena profecia de Obadias terminou com a promessa da restauração e felicidade de Israel no fim dos tempos. Não é o homem que resolverá os seus problemas. Somente o Rei dos reis e o Senhor dos senhores é capaz de pôr em ordem este mundo com as suas hostilidades.[79] Esse Israel é muito mais amplo do que a nação da Israel. Trata-se, aqui, do Israel espiritual, a igreja.

Aguardamos o Dia do Senhor, que "está prestes a vir sobre todas as nações" (Ob 15). Jesus confirmou pessoalmente o grande acontecimento, falando aos discípulos pouco antes da sua crucificação: "Quando vier o Filho do homem na sua majestade e todos os anjos com ele, então, se assentará no trono da sua glória, e todas as nações serão reunidas em sua presença, e ele separará uns dos outros..." (Mt 25.31,32).

Em segundo lugar, *a igreja de Deus é lugar de santidade* (Ob 17). "... o monte será santo...". A igreja, lugar de refúgio, é um ambiente em que reina a santidade. Aqueles que fazem parte da igreja não são do mundo, embora estejam no mundo. Aqueles que fazem parte da igreja foram chamados do mundo e enviados de volta ao mundo como luzeiros a brilhar. Aqueles que fazem parte da igreja apartaram-se do pecado para servirem a Deus em novidade de vida. Eles se deleitam na santidade e aborrecem o mal. Vivem na luz e aborrecem as trevas. A santidade é a marca do monte Sião, a santidade é a marca da igreja. Fomos eleitos para a santidade!

Em terceiro lugar, *a igreja de Deus é lugar de conquista* (Ob 17). "... e os da casa de Jacó possuirão as suas herdades" (Ob 17). Os judeus que foram banidos da sua terra e espoliados de seus bens tomaram posse de tudo o que o inimigo lhes havia tomado. A Septuaginta, versão grega do Antigo Testamento, traduz o versículo de forma interessante: "A casa de Jacó receberá por herança aqueles que os tomaram por herança".[80] Deus lhes restituiu sua terra, seus bens e seu povo. A herança da igreja é espiritual, e não material. É celestial, e não terrena. A igreja conquistará outras nações para Deus. A igreja trará de volta aqueles que foram enganados e escravizados pelo pecado. A igreja tomará posse de uma rica e mui linda herança. Nossa herança é imarcescível e incorruptível.

A vitória (Ob 18-20)

O profeta Obadias passa a descrever a retumbante vitória de Judá, agregando ao seu território todas as terras que haviam sido tomadas por outros povos. A reconquista integral de suas terras lança luz sobre a vitória absoluta que a igreja de Cristo terá sobre todos os seus inimigos. Vejamos alguns aspectos dessa vitória:

Em primeiro lugar, *a vitória contra os inimigos é certa* (Ob 18). "A casa de Jacó será fogo, e a casa de José, chama, e a casa de Esaú, restolho; aqueles incendiarão a estes e os consumirão; e ninguém mais restará da casa de Esaú..." (Ob 18). O profeta usa figuras fortes para expressar o triunfo certo e total de Israel sobre Edom. A casa de Jacó é uma referência a Judá, o reino do Sul, e José é uma referência, a Israel, o reino do Norte. Esses dois reinos unir-se-ão como o fogo e a chama para devorar a Edom. E Edom será como palha que se reduzirá a cinzas.

Isaltino Filho corrobora a idéia dizendo que Edom acabou. Foi destruído para sempre, como lemos nos versículos de Obadias: "Serás exterminado para sempre" (v. 10); "Serão como se nunca tivessem sido" (v. 16); "Ninguém mais restará da casa de Esaú" (v. 18). Em 581 a.C., Babilônia invadiu Edom. A inexpugnável Petra caiu, e poucos edomitas sobreviveram à violência dos caldeus. Foram levados para o sul da Judéia, onde permaneceram por quatro séculos em terra de judeus e como seus inimigos. Em 126 a.C., o macabeu João Hircano os circuncidou à força, após vencê-los. Eles odiavam os judeus e foram judaizados. Tornaram-se judeus à força e foram absorvidos, politicamente, pelo Estado judaico. Em 63 a.C., Roma dominou Israel. Pôs os edomitas como governadores testas-de-ferro na região. A situação inverteu-se e Edom passou a ter domínio sobre Israel. Os Herodes eram edomitas. Os últimos conflitos entre edomitas e israelitas, entre Esaú e Jacó, estão nas páginas do Novo Testamento. O primeiro é entre Herodes, o Grande, e Jesus (Mt 2.16). Vem a seguir o conflito entre Herodes Antipas e João Batista (Lc 3.19). Herodes Agripa I perseguiu a igreja (At 12.1), o Israel de Deus, e Atos 26 nos mostra o encontro entre Herodes Agripa II e o apóstolo Paulo, quando o rei desperdiçou sua última oportunidade. No ano 70 d.C., Jerusalém foi destruída pelos romanos. À sua frente estavam membros da família herodiana (edomita). Os judeus foram dispersos e os edomitas acabaram liquidados pelos romanos. Que ironia! Odiavam os judeus, mas o fim do Estado judeu foi o fim dos edomitas. Os edomitas nunca mais se reergueram, mas os judeus se reagruparam como um Estado, novamente, em 1948.[81]

Nessa mesma linha de pensamento, J. Sidlow Baxter escreve:

> Os edomitas, a despeito de suas proteções rochosas, caíram sob o jugo da Babilônia cerca de cinco anos depois de terem ajudado essa nação arrasar Jerusalém [...]. A seguir, os nabateus, uma tribo árabe, ocuparam Petra, a capital de Edom [...]. Depois, em 312 a.C., Antígono, um dos generais de Alexandre, o Grande, esmagou esse povo e o despojou de Petra. Mais tarde ainda, no século 2 a.C., os próprios edomitas, que se haviam então estabelecido ao sul da Palestina, foram grandemente derrotados por Judas Macabeu. Josefo nos conta que, tempos depois, Alexandre Janus completou a ruína deles. O pequeno remanescente edomita foi quase todo passado a fio de espada no massacre do cerco de Jerusalém. Os sobreviventes se refugiaram entre as tribos do deserto, pelas quais foram absorvidos. Orígenes, no século 3 d.C., referiu-se a eles como um povo cujo nome e língua haviam perecido por completo. Desse modo, a sentença sobre Edom foi executada, e a profecia de Obadias foi cumprida.[82]

Este relato é um tipo da vitória da igreja de Deus contra seus inimigos. Hoje, os inimigos fazem aliança para perseguir a igreja, mas no dia do Senhor, a igreja, a noiva do Cordeiro, triunfará sobre todos os seus inimigos. Enquanto a Babilônia cai, a noiva é glorificada. Enquanto a Babilônia está coberta de ais, a noiva entoa um cântico de triunfo.

Todos os inimigos de Deus terminam seus dias da mesma maneira: julgados e aniquilados. O Dia do Senhor virá sobre os ímpios. Não importa quão grande seja seu poder. Eles terão de beber o cálice da ira de Deus. Serão julgados e condenados.[83] Diz o profeta Isaías: "O forte se tornará em estopa, e a sua obra em faísca; ambos arderão juntamente, e não haverá quem os apague" (Is 1.31).

Em segundo lugar, *a vitória contra os inimigos é segura* (Ob 18). O fim de Edom é profetizado por Obadias de forma segura: "... porque o Senhor o falou" (Ob 18). Essa expressão é como a assinatura do Eterno, que afirma a verdade da profecia.[84] Uma vez que Iavé falou, essas declarações têm autoridade e são seguras.[85]

A derrota de Edom não procede de homens, mas de Deus. Sua sentença de morte não foi lavrada num tribunal da terra, mas no tribunal do céu. A inescapabilidade de sua derrota não se deve ao juízo dos homens, mas à sentença de Deus: "... porque o Senhor o falou" (Ob 18). A sentença de Deus é irrevogável e inapelável. Não há um tribunal superior a quem recorrer. O tribunal de Deus é a última instância, e sua sentença é definitiva e final. Insurgir-se contra Deus e contra seu povo é marchar rumo a uma derrota inevitável, inexorável e irreversível.

Em terceiro lugar, *a vitória contra os inimigos é notória* (Ob 19,20). Assim diz o profeta Obadias:

> Os de Neguebe possuirão o monte de Esaú, e os da planície, aos filisteus; possuirão também os campos de Efraim e os campos de Samaria; e Benjamim possuirá a Gileade. Os cativos do exército dos filhos de Israel possuirão os cananeus até Sarepta, e os cativos de Jerusalém, que estão em Sefarade, possuirão as cidades do Sul (Ob 19,20).

Os versículos 19 e 20 falam da extensão da herança de Israel. Ele tomará de volta todas as terras que foram saqueadas pelos inimigos. Nada ficará nas mãos dos adversários. Os espoliadores de Israel serão desalojados, e Israel será instalado. Os inimigos que esmagaram Israel serão fragorosamente derrotados, mas o povo de Deus honrado. O cativeiro será completamente revertido. O povo de Israel voltará de todos os lugares para os quais havia sido levado.

Warren Wiersbe diz que Israel voltaria a tomar posse da terra que havia sido habitada pelos edomitas (Neguebe), pelos filisteus (Sarepta) e pelos samaritanos (Efraim).[86] Na mesma linha de pensamento, A. R. Crabtree diz que, durante o período de exílio dos judeus, e por algum tempo depois da volta dos restaurados, os idumeus ocuparam o território no sul de Judá. Depois do julgamento do Senhor, os judeus do sul possuirão o monte de Esaú. Outros judeus da restauração possuirão a planície ocupada pelos filisteus (Sf 2.4-7). Outro grupo de israelitas tomará a terra, na região montanhosa de Efraim, e também o campo de Samaria, na parte central da Palestina.[87]

Os cativos (Ob 20) se referem aos exilados. Este exército dos filhos de Israel seria formado pelos moradores do reino do Norte que, em 721 a.C., foram deportados por Sargão depois da queda de Samaria. Os cativos de Jerusalém eram os habitantes do reino do Sul que, em 586 a.C., foram levados cativos por Nabucodosor para Sefarade, provavelmente Sardes, na Ásia Menor.[88]

O julgamento (Ob 21a)

Obadias chega ao zênite de sua mensagem. Ele diz que os israelitas julgarão os edomitas. Os que foram massacrados impiedosamente julgarão os invasores truculentos. Deus reverterá a situação. Os oprimidos se assentarão na cadeira do juiz. Os opressores se assentarão no banco dos réus. Henrietta Mears diz que o juízo de Deus contra Edom, inimigo declarado de Israel, deve servir de advertência para as nações de hoje. Deus não abandona seu povo, e as nações que o oprimirem trarão sobre si mesmas o seu santo juízo.[89]

Essa descrição fala da igreja como o monte Sião e dos ímpios como o monte de Esaú. Dois pontos nos chamam a atenção.

Em primeiro lugar, *os juízes que se assentam para julgar* (Ob 21a). "Salvadores hão de subir ao monte Sião, para julgarem o monte de Esaú...". A palavra "salvadores" pode ser traduzida também por juízes. Note que esses salvadores (juízes) estarão no monte Sião para julgarem. O monte Sião aqui já é um símbolo do céu, onde os remidos estarão e se assentarão em tronos para julgar os povos. Os israelitas julgarão os edomitas. Os do monte Sião julgarão os do monte de Esaú. Os salvos julgarão os ímpios. A igreja julgará o mundo. Os salvos não apenas estarão no céu, mas estarão em tronos. Vamos julgar o mundo e os próprios anjos caídos (1Co 6.2,3).

Em segundo lugar, *os ímpios que se apresentam para o julgamento* (Ob 21b). O monte de Esaú aponta para os edomitas e também para todos aqueles profanos que desprezam a Deus e à sua Palavra. Assim como Edom foi julgado e sentenciado, os ímpios também serão julgados e condenados. Assim como Edom foi banido da terra como nação, os ímpios também serão banidos para sempre da presença de Deus (2Ts 1.9).

O Reino (Ob 21c)

"... e o reino será do SENHOR". Depois de descrever a decadência de Edom e de todas as demais nações, Obadias, de forma apoteótica, coloca um feixe de luz sobre a gloriosa verdade de que o reino será do Senhor (Ob 21c). Nota-se o contraste entre os dois montes. Sião é o monte santo; o monte de Esaú é profano. O monte Sião é o centro do reino de Deus, e finalmente triunfará; o monte de Esaú é o centro das religiões pagãs e, como tal, será totalmente destruído (Ap 17.1; 18.2).[90] Essa declaração enseja-nos duas verdades solenes.

Em primeiro lugar, *o colapso dos reinos do mundo* (Ob 21c). Os reinos do mundo passarão. Os impérios absolutistas do passado cobriram sua glória de pó. As nações poderosas que se ergueram pelo poder da espada sucumbiram e estão cobertas de opróbrio. Os grandes impérios econômicos da atualidade também entrarão em colapso. Todos os reinos do mundo verão sua glória apagar. Todos os reinos do mundo passarão e entrarão em colapso. Edom, com todo o seu orgulho, foi banido da terra. Os caldeus devastaram Edom (Jr 49 e Ez 35). Os nabateus os derrotaram. Os macabeus também os subjugaram. Os romanos completaram a ruína de Edom.[91]

Em segundo lugar, *o triunfo final do reino de Cristo* (Ob 21c). O reino de Cristo é como uma pedra lavrada, não por mãos, que ferirá a grande estátua, símbolo dos reinos do mundo, a qual ruirá e se tornará pó. Essa pedra encherá toda a terra (Dn 2.34,35). Nesse tempo, o conhecimento do Senhor encherá toda a terra como as águas cobrem o mar (Hc 2.14).

Nesse tempo, o Senhor esmagará todos os seus inimigos debaixo dos seus pés e entregará o reino ao Deus e Pai. O apóstolo Paulo assim escreve:

> Cada um, porém, por sua própria ordem: Cristo, as primícias; depois os que são de Cristo, na sua vinda. E, então, virá o fim, quando ele entregar o reino ao Deus e Pai, quando houver destruído todo principado, bem como toda potestade e poder. Porque convém que ele reine até que haja posto todos os inimigos debaixo dos pés (1Co 15.23-25).

Todos os filhos de Deus aguardam com ansiedade o dia em que o reino deste mundo se tornará de nosso Senhor e do seu Cristo, e ele reinará sobre tudo e sobre todos (Sl 22.28; Zc 14.9). Ele reinará pelos séculos dos séculos. O apóstolo João escreveu: "O sétimo anjo tocou a trombeta, e houve no céu grandes vozes, dizendo: O reino do mundo se tornou de nosso Senhor e do seu Cristo, e ele reinará pelos séculos dos séculos" (Ap 11.15).

Obadias vai do particular para o geral: de Edom (particular) para o mundo (geral). O Senhor julgará Edom e também "todas as nações" (Ob 15,16). O reino de Judá (particular) seria estabelecido, mas também seria estabelecido o reino do Senhor (geral). Deus agiria na história e cumpriria nela o seu querer.[92]

Isaltino Filho descreve esse glorioso acontecimento da seguinte maneira:

> O monte Sião (Jerusalém) dominará o monte Seir (Edom). O monte Sião, além de ser o local onde Jerusalém está, é um símbolo do reino

de Deus, que será triunfante sobre tudo, no final da história. O monte Seir, além de designar Edom, simboliza o reino do mundo. O reino do Senhor triunfará sobre o reino do mundo. Esta realidade é muito bem expressa no livro de Apocalipse: "O reino do mundo passou a ser de nosso Senhor e do seu Cristo, e ele reinará pelos séculos dos séculos" (Ap 11.15).[93]

"E o reino será do Senhor" (Ob 21). É assim que termina nosso profeta. É sua última expressão. Admirável conclusão! Nada mais há para se dizer. No momento presente, o reino é dos violentos, dos que têm o poder militar e dos que se aliam aos poderosos. No momento em que vivemos, o reino e o poder pertencem aos que têm dinheiro, aos que controlam os meios de comunicação, aos que têm domínio político. Mas o dia do Senhor virá, e o reino será do Senhor.[94]

Sintetizando a mensagem de Obadias, afirmamos que Edom é um tipo de todas as nações inimigas de Deus. Obadias fala de seu orgulho (Ob 3), de sua força (Ob 3), de seu desafio (Ob 3), de sua ambição (Ob 4), de seu ódio pelo que é espiritual (Ob 10); de sua verdadeira crueldade (Ob 11-14). Por outro lado, veja como engana a si mesmo (Ob 3) e como é detestável a Deus (Ob 2); sua derrota final é imposta pelos filhos de Deus (Ob 17-21) e sua destruição final é lavrada pelo próprio Deus (Ob 10,18).[95]

Isaltino Filho oferece-nos algumas implicações importantes, oportunas e atuais na conclusão deste pequeno grande livro. Essas implicações vêm em termos de desafios.[96]

a. O desafio de crermos que Iavé é o Senhor do mundo. A soberania de Deus na história e o seu governo absoluto sobre as nações não formam uma doutrina lateral, mas central em nossa fé.

b. O desafio de crermos no dia de Iavé. Os versículos 15 a 18 mostram que esse Dia tem um aspecto histórico e outro escatológico. Esse Dia é o dia do acerto de contas com pessoas e nações. Não podemos presumir que Deus está apático em relação ao que acontece no mundo. A acusação feita contra Deus, "O Senhor não faz bem, nem faz mal" (Sf 1.12), não faz justiça às intervenções divinas na história, demonstrando sua disciplina e seu juízo. Mas esse Dia aponta também para o grande Dia do juízo, quando todas as nações terão de comparecer perante o Senhor para serem julgadas (Mt 25.31-46).

c. O desafio de lembrar que alegrar-se com a desgraça alheia *é pecado*. A Bíblia ensina a alegrar-nos com os que se alegram e chorar com os que choram, mas alegrar-nos com o choro dos outros é uma atitude indigna, insolente e abusada que provoca a ira justa e santa de Deus.

d. O desafio de recordarmos que o orgulho humano é ridículo. A estrada do orgulho tem como destino o fracasso. Há pessoas arrogantes, famílias arrogantes, igrejas arrogantes, denominações arrogantes, nações arrogantes, e Deus resiste ao arrogante e ao soberbo. Deus derrubará os orgulhosos do seu trono. Ele arrancará o seu ninho de entre as estrelas.

e. O desafio de crermos que o Reino será do Senhor. Os ímpios podem parecer fortes e irresistíveis, mas eles serão vencidos. As nações opulentas podem parecer imbatíveis, mas elas cairão. Nenhum reino subsistirá, senão o Reino de Cristo. O mal não triunfará sobre o bem. A mentira não prevalecerá sobre a verdade. O fim da história já está escrito e determinado: "O reino do mundo se tornou de nosso Senhor e do seu Cristo, e ele reinará pelos séculos dos séculos" (Ap 11.15)!

Notas do capítulo 3

66 PEISKER, Armor D. "O livro de Obadias", p. 136.
67 BAKER, David W. et al. *Obadias, Jonas, Miquéias, Naum, Habacuque e Sofonias*, p. 46.
68 CRABTREE, A. R. *Profetas menores*, p. 82.
69 CHAMPLIN, Russell Norman. *O Antigo Testamento interpretado versículo por versículo*, p. 3540.
70 COELHO FILHO, Isaltino Gomes. *Obadias e Sofonias: nossos contemporâneos*, p. 31.
71 COELHO FILHO, Isaltino Gomes. *Obadias e Sofonias: nossos contemporâneos*, p. 34.
72 WIERSBE, Warren W. *Comentário bíblico expositivo*, p. 464.
73 WOLFENDALE, James. *The preacher's complete homiletic commentary.* Vol. 20. Grand Rapid, Michigan: Baker Books, 1996, p. 342.
74 COELHO FILHO, Isaltino Gomes. *Obadias e Sofonias: nossos contemporâneos*, p. 37.
75 PEISKER, Armor D. "O livro de Obadias", p. 136.
76 CRABTREE, A. R. *Profetas menores*, p. 83,84.
77 WIERSBE, Warren W. *Comentário bíblico expositivo*, p. 464.
78 COELHO FILHO, Isaltino Gomes. *Obadias e Sofonias: nossos contemporâneos*, p. 37,38.
79 PAPE, Dionísio. *Justiça e esperança para hoje*, p. 104.
80 PEISKER, Armor D. "O livro de Obadias", p. 136.
81 COELHO FILHO, Isaltino Gomes. *Obadias e Sofonias: nossos contemporâneos*, p. 38,39.
82 BAXTER, J. Sidlow. *Examinai as Escrituras: Ezequiel a Malaquias*, p. 159,160.
83 COELHO FILHO, Isaltino Gomes. *Obadias e Sofonias: nossos contemporâneos*, p. 36.
84 CRABTREE, A. R. *Profetas menores*, p. 84.
85 BAKER, David W. et al. *Obadias, Jonas, Miquéias, Naum, Habacuque e Sofonias*, p. 48.
86 WIERSBE, Warren W. *Comentário bíblico expositivo*, p. 464.
87 CRABTREE, A. R. *Profetas menores*, p. 85.
88 PEISKER, Armor D. "O livro de Obadias", p. 137.
89 MEARS, Henrietta C. *Estudo panorâmico da Bíblia*. Deerfield: Vida, 1982, p. 267.
90 CRABTREE, A. R. *Profetas menores*, p. 86.
91 FEINBERG, Charles L. *Os profetas menores*, p. 130.

[92] COELHO FILHO, Isaltino Gomes. *Os profetas menores (I)*, p. 125.
[93] COELHO FILHO, Isaltino Gomes. *Os profetas menores (I)*, p. 124.
[94] COELHO FILHO, Isaltino Gomes. *Os profetas menores (I)*, p. 124,125.
[95] BAXTER, J. Sidlow. *Examinai as Escrituras: Ezequiel e Malaquias*, p. 162.
[96] COELHO FILHO, Isaltino Gomes. *Obadias e Sofonias: nossos contemporâneos,* p. 41-43.

AGEU

Capítulo 1

Deus chama seu povo à reflexão
(Ag 1.1-11)

A MAIOR PARTE DOS PROFETAS do Antigo Testamento falou antes do cativeiro. Ezequiel e Daniel profetizaram durante o cativeiro. Ageu, Zacarias e Malaquias profetizaram após o retorno do cativeiro.[97]

O livro do profeta Ageu é o segundo menor do Antigo Testamento. Ageu foi o primeiro profeta do período pós-cativeiro babilônico. Juntamente com Zacarias, seu contemporâneo, ele foi usado por Deus para encorajar o povo a reconstruir o templo de Jerusalém, que havia sido destruído por Nabucodonosor em 586 a.C.

Dionísio Pape diz que o entusiasmo religioso para a reconstrução do templo justifica-se pelo fato de que, em cada sete dos exilados que voltaram, um era sacerdote. A maioria dos judeus ficara na Babilônia, desfrutando de prosperidade. Os elementos mais piedosos voltaram com a idéia de formar um estado sacerdotal, e foi isto o que preparou o espírito farisaico do período de Cristo.[98]

Dezesseis anos antes da reconstrução do templo em Jerusalém, o remanescente, com aproximadamente 50 mil pessoas, voltava à Judéia sob a liderança de Zorobabel a fim de pôr em prática o decreto real (Ed 1 e 2). Dois anos depois, os alicerces do templo haviam sido assentados, entre louvores e lágrimas (Ed 3.8-13), e as expectativas da reconstrução pareciam brilhantes. Mas agora, em 520 a.C., as circunstâncias se revelavam sombriamente diversas. Os inimigos, da raça mista dos samaritanos, haviam-se colocado contra os judeus durante todo o reinado de Ciro; e, quando seu sucessor, Artaxerxes, subiu ao trono, eles conseguiram suspender completamente o projeto (Ed 4.21). Quatorze anos haviam-se passado agora; o templo continuava inacabado, e os alicerces tinham sido cobertos de entulho. Os judeus repatriados pareciam ter aceitado os acontecimentos com resignação quase fatalista.[99] George Robinson diz que a apatia tomou o lugar do entusiasmo, e o afã de ganhar dinheiro absorveu o seu interesse principal.[100]

A paralisia espiritual tinha atacado o povo, e foi com o propósito de libertá-los dessa letargia que Ageu se levantou com sua poderosa pregação.[101] Ageu profetizou apenas durante quatro meses (1.1; 2.1; 2.10; 2.20). Zacarias começou a profetizar dois meses depois de Ageu (Zc 1.1) e teve um ministério mais longo. Ageu só é citado fora do seu livro em Esdras 5.1 e 6.14. Alguns eruditos o consideravam membro da classe sacerdotal.

À guisa de introdução, destacamos alguns pontos importantes.

O autor da profecia (1.1). Há um consenso praticamente unânime de que Ageu foi o autor deste livro. Herbert Wolf diz que não existe nenhuma disputa entre liberais e conservadores quanto à época em que o livro foi escrito.[102] Pouco sabemos acerca de Ageu. Nada sabemos sobre seu pai nem sobre o lugar do seu nascimento. Nosso profeta é a única pessoa com esse nome mencionado no Antigo Testamento.[103]

Possivelmente, Ageu conhecera as glórias do templo salomônico (2.3). De acordo com a tradição judaica, ele viveu a maior parte de sua vida na Babilônia.[104] Sendo assim, ele já devia ser um homem com mais de oitenta anos quando levantou sua voz profética em Jerusalém.[105] Edward Young, por outro lado, defende a tese de que ele nasceu na Babilônia durante o exílio e conviveu com o profeta Daniel.[106]

O nome Ageu significa "festivo", derivado que é de *hâg*, que quer dizer "festa", palavra usualmente associada às três festas de peregrinação do calendário religioso judaico.[107] Provavelmente ele nasceu num dia de festas, e por isto foi chamado de "minha festa".[108]

É importante ressaltar que Ageu não é a fonte da sua profecia. O profeta não gera a mensagem, ele a transmite. Ageu fala com autoridade, repetindo cinco vezes que pregava a Palavra do Senhor. A mensagem veio de Deus, por intermédio do profeta, ao povo. A mensagem não é resultado da lucubração mental de Ageu, mas da revelação divina. O profeta é mordomo da mensagem, e não fonte da mensagem. A mensagem não vem dele, mas de Deus, por intermédio dele.

O tempo da profecia (1.1). A data com que o livro começa deve ter tido grande importância naquele momento, porque naquele dia a voz autêntica da profecia se fez ouvir pela primeira vez na era pós-exílica.[109] Ageu profetizou no segundo ano do rei Dario, no sexto mês e no primeiro dia da semana. Ageu apareceu repentinamente no ano 520 a.C. e de igual modo desapareceu. Nada se sabe de sua vida antes ou depois da sua pregação.[110]

Esse Dario não é o mesmo Dario de Daniel capítulo 6. Trata-se de Dario, o Grande, que ascendeu ao poder em 522 a.C. Se Ageu começou a profetizar no segundo ano do seu reinado, nesse período a reconstrução do templo já estava paralisada havia quinze anos, e o templo permanecia em ruínas (Ed 4.1-5). Os judeus tinham apenas lançado os fundamentos e abandonado a obra devido à oposição dos de fora e a desmotivação dos de dentro. A mensagem de Ageu, porém, foi poderosa e eficaz, pois os líderes e o povo reagiram e reconstruíram o templo em quatro anos, concluindo-o em 516 a.C.[111]

Ageu profetizou no sexto mês, o mês de elul, que corresponde ao período de setembro.[112] Digno de nota é o fato que ele profetizou no primeiro dia da semana. Esse era o dia de lua nova, um dia em que o povo se ajuntava para adorar a Deus. A voz de Deus é ouvida pela primeira vez depois do retorno da Babilônia em um dia de adoração, quando grande multidão estava congregada para adorar. Depois de tantos anos de silêncio profético, a voz de Deus veio ao povo em um dia de adoração. Herbert Wolf corrobora a idéia com o seguinte comentário:

> O primeiro dia do mês era também dedicado a interesse de natureza espiritual. Era o dia da Lua Nova, dia santo, quando o trabalho e as atividades com ele relacionadas eram suspensas como no dia de sábado

(Am 8.5) e uma especial oferta queimada era oferecida ao Senhor (Nm 28.11-15). Evidentemente, era também uma oportunidade de ouvir os profetas (2Rs 4.23).[113]

Os destinatários da profecia (1.1). A Palavra de Deus vem ao povo de Israel pelos seus líderes. Ageu fala a Zorobabel e a Josué, o governador e o sumo sacerdote, o líder político e o líder religioso. O profeta dirigiu seu discurso aos homens fundamentais da comunidade, na presença dos adoradores reunidos. Proclamou-lhes uma chamada retumbante à ação.[114] Zorobabel e Josué vieram a Jerusalém com a primeira caravana que chegou ainda no reinado de Ciro. Eles foram os primeiros que lideravam o retorno.

Depois do cativeiro babilônico, Israel nunca mais recuperou plenamente a monarquia. Não havia mais rei em Jerusalém, mas apenas um governador sob o comando da Pérsia. Zorobabel havia sido nomeado governador de Jerusalém e agora liderava seu povo nesse tempo de retorno e de restauração na terra prometida. Enquanto Zorobabel liderava o povo politicamente, Josué o liderava religiosamente.

As mensagens da profecia (caps. 1–2). O profeta Ageu entregou aos líderes (1.1) e ao povo (1.13) quatro mensagens: a primeira mensagem foi o desafio à reconstrução do templo (1.1-14), a segunda trata-se da glória do novo templo (2.1-9), a terceira afirma a inversão da sorte de Israel por causa da edificação do templo (2.10-19), e a quarta traz uma promessa relativa a Zorobabel (2.20-23).[115]

Os resultados da profecia de Ageu foram imediatos. Poderíamos sintetizar sua mensagem da seguinte forma: ele acusa o povo (1.1-11), depois vem a reação do povo (1.12-14), seguida da garantia de sucesso (2.1-9). A estrutura se repete: acusação (2.10-17), reação (2.18,19) e garantia do triunfo de Deus (2.20-23).[116]

As principais ênfases da profecia. Dois temas ocuparam a mente de Ageu: a reconstrução do templo de Jerusalém e o estabelecimento do reinado de Davi. O templo e o davidismo são os dois grandes temas deste livro. A mística davídica é mais relevante que a do templo. O messianismo davídico é, pois, decisivo para a hermenêutica de Ageu.[117]

Esses dois temas falam do aspecto físico e espiritual da casa de Deus. Gerard Van Groningen corretamente comenta que o templo em si não é o fator central na profecia de Ageu. O foco central é a casa davídica, da qual o Messias virá. Iavé, habitando no meio do seu povo, sustentando-o e dirigindo-o com seu Espírito e suas palavras proféticas, assegura ao remanescente que seu pacto com Davi não é nulo ou vazio. A ênfase de Ageu está sobre a continuidade de duas grandes promessas centrais do pacto: a presença contínua de Iavé e a vinda certa do Mediador messiânico.[118]

J. G. Baldwin diz que havia uma razão escatológica que tornava o templo indispensável. A reconstrução do templo era pré-requisito para o advento da era messiânica. Ageu deixou isto implícito (2.6-9), e Malaquias proclamou que o Senhor viria de repente para o seu templo (Ml 3.1). O templo era um símbolo da continuidade entre presente e passado. Jesus disse que seu corpo era o templo (Mc 14.58; Jo 2.19), o qual, por sua vez, seria destruído. Ressuscitado dos mortos, ele seria a pedra fundamental de um templo santo feito de pedras vivas, crentes que seriam "habitação de Deus no Espírito" (Ef 2.19-22; 1Pe 2.4,5), uma igreja que em esplendor seria apresentada a ele. A reconstrução do templo no tempo de Ageu e Zacarias era um preparo necessário para tudo isso.[119]

Nessa mesma linha de pensamento, Gerard Van Groningen diz que a reconstrução do templo era sobremodo importante porque simbolizava a presença de Iavé com eles e o tipo daquele que viria a habitaria entre eles (Jo 1.14-18).[120]

Ageu nos ajuda a ver o aqui (o templo) e o lá (o Cristo triunfante), o contingente (a construção) e o eterno (o Cristo glorificado), o hoje (a casa para adoração aqui) e o amanhã (o triunfante com quem estaremos para sempre e a quem adoraremos sem necessidade de prédios). Por tudo isso, Ageu é um livro que vale a pena estudar.[121]

Deus volta a falar ao seu povo (Ag 1.1)

O reino do Norte havia sido levado para o cativeiro em 722 a.C., pela Assíria. Por não se arrepender nem ouvir os profetas de Deus, o reino do Sul enfrentou o mesmo destino em 586 a.C., quando Nabucodonosor invadiu Jerusalém, destruiu seus muros, arrasou seu templo e levou o povo para o cativeiro.

Uma das razões da severa disciplina de Deus ao seu povo foi sua confiança mística no templo (Jr 7.1-4). O povo pensava que o templo, lugar da habitação de Deus, era inexpugnável e, enquanto estivesse com o povo, eles jamais seriam abalados. A confiança do povo estava, contudo, no templo, e não em Deus. O templo se tornara um amuleto para eles e, por isso, Deus entregou o templo e seus vasos nas mãos de Nabucodonosor, que o derrubou e entregou o povo nas mãos dos caldeus.

Passaram-se setenta anos. O cativeiro babilônico havia chegado ao fim. Deus já havia determinado o cativeiro e estabelecido seu tempo. Era tempo de retornar, e Deus moveu o coração do rei Ciro para baixar um decreto permitindo a volta dos judeus para reconstruírem o templo e a cidade. O retorno do povo judeu não foi total. Apenas 50 mil pessoas regressaram. Os outros judeus acomodaram-se na Babilônia e fincaram lá suas raízes.

Esse retorno, o segundo êxodo, deu-se em três levas e da mesma forma o povo foi conduzido à escravidão. A primeira leva foi capitaneada por Zorobabel, para a reconstrução do templo. A segunda foi liderada por Esdras, para o ensino da lei. E a terceira leva foi dirigida por Neemias, para a reconstrução dos muros da cidade.

Podemos imaginar que impacto causou a notícia de que Deus havia falado novamente ao seu povo. Já se fazia muitos anos que não se ouvia em Jerusalém a voz da profecia. Agora, depois do retorno, essa é a primeira vez que Deus rompe o silêncio e faz ouvir sua voz por meio do profeta Ageu. Isso era um sinal de que Deus ainda mantinha a sua aliança com o povo da promessa.

O povo que voltou para Jerusalém enfrentou muitas dificuldades para cumprir seu projeto de reconstrução do templo. Vamos nomear aqui algumas delas:

Em primeiro lugar, *a falta de recursos*. As pessoas que voltaram enfrentaram de início grande escassez de recursos. A cidade estava entupida de entulho e o povo, vazio de recursos. Isaltino Filho diz que aquele era um momento de desencanto, pobreza e aturdimento. Reiniciar a vida em um país debaixo de escombros não permitia gastos supérfluos, e o povo estava acostumado a viver sem o templo na Babilônia.[122]

Em segundo lugar, *a proposta de alianças perigosas*. Logo que os judeus chegaram, os samaritanos propuseram unir-se a eles na reconstrução do templo. Mas essa aliança era um laço para os judeus. Embora aparentados fisicamente, os samaritanos tinham abandonado a fé ortodoxa e abraçado uma fé mística e sincrética. A adesão àquela aliança representava uma apostasia religiosa, e os judeus se recusaram terminantemente a selar aquele acordo de cooperação.

Em terceiro lugar, *a oposição hostil*. Rejeitados, os samaritanos ergueram-se com grande virulência como opositores da obra. De parceiros tornaram-se inimigos. Chegaram a ponto de enviar cartas ao rei da Pérsia, criando intrigas e fazendo falsas acusações, escamoteando a verdade e dizendo que os judeus estavam conspirando contra a Pérsia. Essa oposição foi tão implacável que Artaxerxes baixou um decreto proibindo a reconstrução da cidade e do templo (Ed 4.21). A construção do templo ficou paralisada por quinze anos. Ainda hoje há muitos templos inacabados por anos a fio em nossos arraiais. Isso é um péssimo testemunho do nosso amor a Deus e da nossa fé na sua providência.[123]

Em quarto lugar, *as lembranças do antigo templo*. Algumas pessoas que retornaram a Jerusalém, inclusive o profeta Ageu, conheceram as glórias do primeiro templo. O suntuoso templo construído por Salomão ainda estava vivo na memória de alguns deles. Jamais poderiam fazer novamente algo semelhante. Lançavam-se agora em um projeto bem mais modesto e alguns se sentiram desencorajados a abraçar essa nova empreitada.

Em quinto lugar, *uma interpretação errada das profecias*. J. Sidlow Baxter entende que os judeus estavam interpretando erradamente a profecia dos setenta anos do cativeiro babilônico, quando disseram: "... Não veio ainda o tempo, o tempo em que a Casa do Senhor deve ser edificada" (1.2). Embora a predição inspirada fosse infalível, não podemos dizer o mesmo quanto à sua interpretação. Em vez de ser um tônico, a profecia bíblica estava tornando-se um narcótico para os judeus. Eles se entregaram ao sentimento de que havia uma inevitabilidade irreversível nas coisas. O esforço presente não adiantaria; eles deveriam esperar até que o relógio da profecia batesse a hora predestinada. O resultado foi a indiferença e a paralisação da obra. O povo foi-se acostumando a não ter um templo e isso se mostraria fatal. Essa foi a mesma atitude de Ryland de Northampton, quando oprimiu o jovem William Carey replicando: "Jovem, sente-se. Quando Deus quiser converter os pagãos, ele fará sem sua ajuda ou a minha".[124]

Deus argumenta com o seu povo (1.2-4)

Diante da oposição dos samaritanos e do decreto do rei da Pérsia, os judeus abandonaram o projeto da reconstrução do templo no meio do caminho. Eles já haviam lançado os fundamentos do templo, mas perderam as forças para continuar a obra. J. G. Baldwin diz que a resignação mata a fé. O esqueleto do templo em ruínas era como um cadáver que se decompunha em Jerusalém e contaminava tudo (2.10-14).[125] Vamos destacar aqui alguns pontos importantes.

Em primeiro lugar, *Deus se apresenta ao povo como o Senhor dos Exércitos* (1.2). Antes de falar ao povo, Deus se apresenta ao povo como o Senhor dos Exércitos. Esse nome demonstra que Deus tem domínio sobre as hostes celestiais e sobre os reinos do mundo. Esse nome fala de seu poder absoluto e do fato de que nenhuma força humana ou cósmica pode resistir ao seu poder e à sua soberana vontade.

Daniel já havia dito no cativeiro que o povo que conhece a Deus é forte e ativo (Dn 11.36). Os nossos sonhos e projetos são do tamanho do nosso Deus. William Carey, o pai das missões modernas, disse que o tamanho do nosso

Deus determina o tamanho da nossa visão. A. W. Tozer diz que a maior necessidade da igreja é conhecer a grandeza e a majestade de Deus.

Em segundo lugar, *Deus demonstra o seu desgosto com a atitude do povo* (1.2). O povo de Judá tinha sido levado para o cativeiro por causa dos seus pecados. Havia voltado do cativeiro e ainda estava agarrado aos seus pecados. É notório que Deus não o chama de: "Meu povo", mas: "Este povo" (1.2). Os que regressaram da Babilônia colocaram seus interesses na frente dos interesses de Deus. Desistiram de investir na Casa de Deus para investir em suas próprias casas. Deixaram de ajuntar tesouros no céu para acumulá-los na terra. E deixaram de ser o prazer de Deus para ser o motivo do seu desgosto.

Em terceiro lugar, *as desculpas do povo para Deus* (1.2). Os judeus que retornaram para a reconstrução do templo afrouxaram as mãos e abandonaram a obra, dando a seguinte desculpa para Deus: "... Não veio ainda o tempo, o tempo em que a Casa do Senhor deve ser edificada" (1.2). O pecado deles foi de acomodação. Eles adiaram o projeto de Deus para priorizar seus projetos. Abandonaram a Casa de Deus para investir tudo em suas próprias casas. Charles Feinberg interpreta corretamente a passagem quando observa que eles não diziam que a edificação não devia ser feita; apenas que ainda não havia chegado o tempo oportuno para fazê-la.[126]

Eles abandonaram a Casa de Deus e criaram uma falsa justificativa para abafar a voz da consciência. Julgaram que a oposição para fazer a obra era um sinal de que não era o tempo de fazer a obra. Fizeram uma leitura errada quando interpretaram que a presença de dificuldades devia levá-los a desistir da obra. Billy Sunday chamou essa desculpa de "um invólucro de uma razão recheado com uma mentira" e Benjamim Franklin disse: "Jamais conheci um homem que fosse bom em inventar desculpas e que também fosse bom em alguma outra coisa".[127]

Em quarto lugar, *a resposta de Deus às desculpas do povo* (1.3,4). "Veio, pois, a palavra do SENHOR, por intermédio do profeta Ageu, dizendo: Acaso, é tempo de habitardes vós em casas apaineladas, enquanto esta casa permanece em ruínas?" (1.3,4). O povo tinha provas suficientes de que era da vontade de Deus que eles reconstruíssem o templo. Deus já havia tocado o coração do rei Ciro para libertá-los e enviá-los a Jerusalém, provendo-lhes recursos com esse propósito (2Cr 36.22,23; Ed 1.1-4). Também os judeus conheciam a profecia de Isaías acerca de Ciro: "Ele é meu pastor e cumprirá tudo o que me apraz; que digo também de Jerusalém: Será reedificada; e do templo: Será fundado" (Is 44.28).

Deus coloca em dúvida as prioridades do povo e denuncia sua assustadora incoerência. Deus denuncia a procrastinação do povo judeu em fazer os melhores investimentos em suas próprias casas e os piores investimentos na casa de Deus. Eles desistiram de investir na casa de Deus, mas estavam fazendo investimentos redobrados em suas próprias casas.

As casas apaineladas tinham requinte e luxo. A palavra hebraica *sapan* significa tanto "apainelar" como "colocar forro".[128] Eles deixaram a casa de Deus em ruínas, sem teto, para dar um toque de requinte, luxo e extravagância em suas casas. Os judeus tinham construído casas de fino e caro acabamento, até mesmo com paredes amadeiradas. Essa prática era considerada luxuosa até para um rei (Jr 22.14).

Houve até quem sugerisse que os judeus usaram para suas casas a madeira de cedro reservada para o templo.[129]

Os investimentos que eles haviam cortado da Casa de Deus estavam sendo usados para o seu próprio deleite. Que valor eles estavam dando a Deus se deixavam seu templo em ruínas? O conflito entre despesas com luxo em casa e o sustento condigno do trabalho do Senhor persiste até hoje entre nós, diz Baldwin.[130]

Voltando às casas apaineladas, Isaltino Filho diz que a expressão "casas apaineladas ou forradas" significa casas com lambris de cedro, madeira importada. Para as casas dos adoradores, material importado, de primeira qualidade. Para a casa do Adorado, nada. Um templo sem teto. Um símbolo do descaso de muitos crentes através dos séculos. Primeiro, a minha vida. Mais tarde, a de Deus. Primeiro, cuidarei dos meus negócios. Se tempo houver, mais tarde, cuidarei dos negócios de Deus. Eu primeiro e depois Deus.[131]

Herbert Wolf ainda diz que o povo tinha recursos e competência não só para construir as próprias casas, mas também para apainelar-lhes as paredes, o que passava já a ser um luxo, pela inevitável associação com as residências reais, como o palácio e outros edifícios que Salomão construiu (1Rs 7.3,7).[132] Em vez de honrar ao Senhor com os seus bens, eles estavam desonrando a Deus. Em vez de buscar em primeiro lugar o reino de Deus, eles estavam buscando antes de tudo os seus interesses.

Deus mostra a insensatez do seu povo (1.5,6)

Isaltino Filho diz que o povo é conclamado a avaliar os seus atos à luz de alguns resultados sucedidos em sua vida. Nos versículos 6 e 9 há o contraste entre a ação do povo e a sua expectativa (muito) e o resultado (pouco). Nos versículos 10 e 11, a crise econômica é bem exposta e o seu causador é identificado; ou seja, é o próprio Deus. O versículo 8 apresenta a alternativa: o que o povo deve fazer.[133]

Vamos agora, examinar os versículos 5 e 6. Há três lições que precisamos aprender neste texto.

Em primeiro lugar, *precisamos aprender com o passado para não cair nos mesmos erros* (1.5). Deus chama o seu povo a olhar pelas lentes do retrovisor: "Ora, pois, assim diz o SENHOR dos Exércitos: Considerai o vosso passado" (1.5). O verbo "considerar" significa "meditar, pensar com cuidado". Era hora de o povo fazer uma séria introspecção diante do Senhor.[134] O desprezo em relação a Deus e o descaso para com sua obra tinham levado o povo de Israel a quebrar sua aliança com Deus. A violação do pacto trouxe o chicote da disciplina às suas costas, a fome às suas casas e a insatisfação aos seus corações. O pecado não compensa. É uma fraude. Por não terem aprendido com as lições do passado, o povo estava caindo nos mesmos erros. O passado precisa tomar-nos pela mão, conduzir-nos no presente e orientar-nos rumo ao futuro. O passado precisa ser nosso pedagogo, não nosso coveiro.

Em segundo lugar, *investimentos errados produzem resultados insatisfatórios* (1.6). O profeta Ageu fala em nome do Senhor dos Exércitos: "Tendes semeado muito e recolhido pouco; comeis, mas não chega para fartar-vos; bebeis, mas não dá para saciar-vos; vesti-vos, mas ninguém se aquece; e o que recebe salário, recebe-o para pô-lo num saquitel furado" (1.6). O profeta usa cinco situações de investimento, todas com resultados insatisfatórios. Quem semeia muito colhe pouco. Quem come não se farta. Quem bebe não se sacia. Quem se veste não se aquece. E quem recebe salário perde-o pelo caminho.

Sempre que desamparamos a casa de Deus, criando desculpas para investir apenas em nossos projetos, corremos quatro riscos:

Ter muito, mas não encontrar prazer no que temos (1.6). Há pessoas que moram em casas apaineladas, mas não encontram paz nem alegria dentro de casa. Há pessoas que amealham riquezas, mas esse dinheiro é como espinho em suas ilhargas. Há pessoas que acumulam apenas para si e dão desculpas para não investir na casa de Deus, mas o muito que têm parece pouco, pois não é capaz de lhes trazer satisfação.

Fazer grandes investimentos, mas ter resultados insignificantes (1.6). Ageu fala que é possível semear muito e colher pouco, comer e não se fartar, beber e não se saciar, vestir-se e não se aquecer, receber salário e colocá-lo num saco furado. Todas essas cinco figuras falam da mesma coisa, o descompasso entre o investimento e o resultado alcançado. Os mesmos homens que demonstraram habilidade e pressa para cuidar de seus negócios, andavam bem devagar e cansadamente quando se tratava de fazer a obra de Deus. O tempo e o dinheiro eram meticulosamente racionados quando se tratava de servir ao Senhor.[135]

Reter em nossas mãos o que devemos empregar na obra de Deus gera em nós grande insatisfação (1.6). Deus mesmo é o agente dessa frustração. É ele quem impede a colheita abundante. É ele quem não deixa que a pessoa se farte, se sacie e se aqueça. O povo estava retendo em suas mãos o que deveria entregar na casa de Deus. O povo estava correndo atrás apenas dos seus interesses ao mesmo tempo que desprezava a casa de Deus. O povo estava morando luxuosamente enquanto a casa de Deus permanecia em ruínas, cobrindo suas casas com madeira importada, ao passo que o templo permanecia sem teto. Então, Deus lhe mostrou a loucura de abandonar a casa de Deus, gerando dentro deles uma incurável insatisfação.

Reter mais do que é justo é pura perda (1.6). Ageu disse que reter ou subtrair o que devemos entregar na casa de Deus é o mesmo que receber salário para colocá-lo num saco furado. Neemias disse que reter os dízimos era desamparar a Casa de Deus (Ne 13.10-14). Malaquias disse que reter os dízimos era roubar a Deus (Ml 3.8-10). Ageu diz que reter o que deve ser consagrado a Deus é o mesmo que receber salário e colocá-lo num saco furado (1.6). A Bíblia diz que reter mais do que é justo é pura perda.

Deus aponta as razões do sofrimento do povo (1.7-11)

O profeta Ageu fala em nome do Senhor dos Exércitos, trazendo algumas verdades solenes para o povo.

Em primeiro lugar, *antes de investir na obra de Deus, precisamos rever nossas motivações* (1.7,8). Antes de ordenar que o povo suba ao monte e traga madeira a fim de reconstruir o templo, o profeta ordena que eles novamente considerem o seu passado. Na construção do primeiro templo, houve uma atitude oposta à atitude que eles estavam adotando. Davi pensou em fazer o melhor para Deus (2Sm 7.2); eles estavam pensando em fazer o melhor para si mesmos. Davi colocou Deus e sua casa em primeiro lugar; eles estavam colocando a si mesmos e suas casas em primeiro lugar.

O problema deles não era falta de recursos, mas falta de prioridade. O capital da igreja é a fé. A igreja que se propõe a dar glória ao nome de Deus realiza coisas extraordinárias para Deus. Porém, sempre que colocamos os nossos interesses à frente dos interesses de Deus, deixamos sua casa em ruínas.

Em segundo lugar, *Deus se agrada e é glorificado quando investimos em sua casa* (1.8). "Subi ao monte, trazei madeira e edificai a casa; dela me agradarei e serei glorificado, diz o Senhor" (1.8). O povo estava usando as madeiras nobres para embelezar com requinte e luxo suas casas, ao mesmo tempo que abandonava a casa de Deus. Agora, Deus ordena o povo a subir ao monte, trazer madeira e edificar a casa. Duas coisas o Senhor afirma:

Deus se agrada de sua casa (1.8). Deus tomou a decisão de habitar no meio do seu povo (Êx 25.8). Quando o templo de Salomão foi consagrado, Deus afirmou ter escolhido aquele lugar para habitar. Deus tem prazer em habitar no meio do seu povo, por isso se agrada da sua casa.

Deus é glorificado em sua casa (1.8). Quando o povo de Deus vem à casa de Deus para adorá-lo, Deus é glorificado. Esse templo era apenas um tipo do verdadeiro templo em que Deus habita, a igreja. Nós somos a habitação de Deus. Nós, povo remido pelo sangue do Cordeiro, somos o verdadeiro santuário do Espírito Santo (1Co 6.19). Quando investimos na obra de Deus, isso agrada e glorifica o Senhor. J. G. Baldwin diz corretamente que o trabalho feito com a intenção de agradar a Deus também lhe dá glória.[136]

Em terceiro lugar, *Deus é Deus de primícias e não de sobras* (1.9). O profeta Ageu mostra duas solenes verdades neste versículo: "Esperastes o muito, e eis que veio a ser pouco, e esse pouco, quando o trouxestes para casa, eu com um assopro o dissipei. Por quê? – diz o Senhor dos Exércitos; por causa da minha casa, que permanece em ruínas, ao passo que cada um de vós corre por causa de sua própria casa" (1.9). Destacamos aqui algumas lições.

a. Deus não aceita sobras, ele requer primícias (1.9). O povo estava investindo o melhor em suas casas e deixando a casa de Deus em ruínas. Traziam para Deus as migalhas, as sobras, os animais cegos e aleijados (Ml 1.8) Traziam ofertas indignas e mesquinhas. Por isso, Deus disse que aquilo que eles traziam, ele assoprava e rejeitava. Deus requer primícias e não sobras (Pv 3.9). Deus não precisa de nada, ele é dono do ouro e da prata (Ob 2.8). Ele não quer dinheiro, mas a fidelidade do seu povo. O dízimo não é uma questão monetária, mas um gesto de fidelidade. O rev. Jacó Silva foi um dos maiores paladinos da doutrina da mordomia cristã que conheci. Ele percorreu o Brasil, pregando em centenas de igrejas sobre a doutrina do dízimo. Ele sempre afirmava que não podemos ser ofertantes sem sermos primeiro dizimistas. O dízimo é divida. Primeiro devemos pagar a dívida e depois fazer a oferta. Não poderíamos quitar uma dívida de 10 mil reais no banco levando ao gerente apenas o valor de mil reais.

b. Deus diz que investir na sua casa nos traz abençoadora recompensa (1.9). "Esperastes o muito, e eis que veio a ser pouco [...]. Por quê? [...] por causa da minha casa, que permanece em ruínas, ao passo que cada um de vós corre por causa de sua própria casa" (1.9). Eles tiveram expectativas frustradas por não priorizarem a casa de Deus. Esqueceram-se de que tudo o que tinham viera das mãos de Deus e que eles deviam consagrar suas primícias para Deus. A Palavra de Deus nos ordena: "Honra ao Senhor com os teus bens e com as primícias de toda a tua renda; e se encherão fartamente os teus celeiros, e transbordarão de vinho os teus lagares" (Pv 3.9,10). Quando deixamos de levar os dízimos à casa de Deus, e deixamos a casa de Deus em ruínas, para só investir em nossas próprias casas, fechamos sobre nós mesmos as janelas dos céus e retemos sobre a nossa própria cabeça as bênçãos do Altíssimo.

Em quarto lugar, *o Deus que abençoa é também o Deus que retém as bênçãos* (1.10,11). O profeta Ageu conclui:

> Por isso, os céus sobre vós retêm o seu orvalho, e a terra, os seus frutos. Fiz vir a seca sobre a terra e sobre os montes; sobre o cereal, sobre o vinho, sobre o azeite e sobre o que a terra produz, como também sobre os homens, sobre os animais e sobre todo trabalho as mãos (1.10,11).

O pecado produz amargas conseqüências. Jamais fica impune. O desprezo pelos mandamentos de Deus e as racionalizações humanas para retardar a obra de Deus produziram resultados trágicos para o povo. Destacaremos dois pontos importantes.

a. Deus é o agente da disciplina (1.10,11). A natureza está a serviço de Deus para trazer juízo sobre o seu povo. Os céus e a terra são instrumentos da disciplina de Deus. Baldwin diz que o céu e a terra obedecem a seu criador, mas seu povo não obedece.[137] Os céus retêm o orvalho e a terra retém seus frutos. E por quê? Para disciplinar o povo de Deus, que estava retendo em suas mãos o que deveria investir na casa de Deus. É Deus quem faz vir a seca sobre a terra, sobre os montes, sobre o cereal, sobre o vinho, sobre o azeite e sobre o que a terra produz, bem como sobre os homens, os animais e todo o trabalho das mãos. A seca castigou as pessoas, os animais e todas as plantações. Não foi um acidente ou o acaso de uma natureza caprichosa. Foi ação divina (Dt 28.22-24), diz Isaltino Filho.[138]

b. Deus nos impede de usufruir o que deixamos de investir em sua casa (1.10,11). A retenção do orvalho dos céus e a escassez de frutos da terra, bem como a seca que atinge as lavouras, os homens, os animais e todo seu trabalho, são provas de que, quando retemos o que é de Deus, isso de nada nos aproveita. Reter mais do que é justo é pura perda.

Quando deixamos de entregar o que pertence a Deus, na casa de Deus, isso vaza pelos dedos, é o mesmo que colocar salário num saco furado. Deus não deixa sobrar!

Warren Wiersbe resume o texto que acabamos de estudar em três ordens divinas: Coloquem Deus em primeiro lugar (1.1.-4); creiam nas promessas de Deus (1.5,6,9-11) e glorifiquem o nome de Deus (1.7,8).[139]

NOTAS DO CAPÍTULO 1

[97] MEARS, Henrietta C. *Estudo panorâmico da Bíblia*, p. 289.

[98] PAPE, Dionísio. *Justiça e esperança para hoje*, p. 107.

[99] BAXTER, J. Sidlow. *Examinai as Escrituras: Ezequiel a Malaquias*, p. 259.

[100] ROBINSON, George L. *Los doce profetas menores*. El Paso, TX: Casa Bautista de Publicaciones, 1984, p. 117.

[101] WOLF, Herbert. *Ageu e Malaquias*. Miami: Vida, 1986, p. 10.

[102] WOLF, Herbert. *Ageu e Malaquias*, p. 11.

[103] FEINBERG, Charles L. *Os profetas menores*, p. 240.

[104] BALDWIN, J. G. *Ageu, Zacarias e Malaquias*. São Paulo: Vida Nova, 2006, p. 22.

[105] ROBINSON, George L. *Los doce profetas menores*, p.115.

[106] YOUNG, Edward J. *An introduction to the Old Testament*. Grand Rapids, Michigan: Wm. B. Eerdmans Publishing Co. Grand Rapids, 1953, p. 269.

[107] WOLF, Herbert. *Ageu e Malaquias*, p. 10.
[108] BALDWIN, J. G. *Ageu, Zacarias e Malaquias*, p. 22.
[109] BALDWIN, J. G. *Ageu, Zacarias e Malaquias*, p. 28.
[110] FRANCISCO, Clyde T. *Introdução ao Velho Testamento*, p. 199.
[111] BALDWIN, J. G. *Ageu, Zacarias e Malaquias*, p. 14.
[112] DUNNING, H. Ray. "O livro de Ageu". In: *Comentário bíblico Beacon*. Vol. 5. Rio de Janeiro: CPAD, 2005, p. 278.
[113] WOLF, Herbert. *Ageu e Malaquias*, p. 16.
[114] DUNNING, H. Ray. "O livro de Ageu", p. 278.
[115] WOLF, Herbert. *Ageu e Malaquias* p. 12,13.
[116] BALDWIN, J. G. *Ageu, Zacarias e Malaquias*, p. 25.
[117] SCHWANTES, Milton. *Ageu*. Petrópolis: Vozes, Imprensa Metodista e Editora Sinodal, 1986, p. 15.
[118] GRONINGEN, Gerard Van. *Revelação messiânica no Velho Testamento*, p. 792,793.
[119] BALDWIN, J. G. *Ageu, Zacarias e Malaquias*, p. 17.
[120] GRONINGEN, Gerard Van. *Revelação messiânica no Velho Testamento*, p. 778.
[121] COELHO FILHO, Isaltino Gomes. *Ageu: nosso contemporâneo*. Rio de Janeiro, JUERP, 1991, p. 19.
[122] COELHO FILHO, Isaltino Gomes. *Ageu: nosso contemporâneo*, p. 17.
[123] COELHO FILHO, Isaltino Gomes. *Ageu: nosso contemporâneo*, p. 18.
[124] BAXTER, J. Sidlow. *Examinai as Escrituras: Ezequiel a Malaquias*, p. 263.
[125] BALDWIN, J. G. *Ageu, Zacarias e Malaquias*, p. 26.
[126] FEINBERG, Charles L. *Os profetas menores*, p. 242.
[127] WIERSBE, Warren W. *Comentário bíblico expositivo*, p. 541.
[128] BALDWIN, J. G. *Ageu, Zacarias e Malaquias*, p. 31.
[129] DUNNING, H. Ray. "O livro de Ageu", p. 279.
[130] BALDWIN, J. G. *Ageu, Zacarias e Malaquias*, p. 31.
[131] COELHO FILHO, *Isaltino Gomes. Ageu: nosso contemporâneo*, p. 25.
[132] WOLF, Herbert. *Ageu e Malaquias*, p. 19.
[133] COELHO FILHO, Isaltino Gomes. *Ageu: nosso contemporâneo*, p. 27.
[134] WIERSBE, Warren W. *Comentário bíblico expositivo*, p. 542.
[135] WOLF, Herbert. *Ageu e Malaquias*, p. 24.
[136] BALDWIN, J. G. *Ageu, Zacarias e Malaquias*, p. 32.
[137] BALDWIN, J. G. *Ageu, Zacarias e Malaquias*, p. 32.
[138] COELHO FILHO, Isaltino Gomes. *Ageu: nosso contemporâneo*, p. 29.
[139] WIERSBE, Warren W. *Comentário bíblico expositivo*, p. 541-544.

Capítulo 2

Deus chama seu povo ao trabalho
(Ag 1.12–2.1-9)

As PRIORIDADES DO POVO JUDEU que havia voltado do cativeiro da Babilônia estavam erradas: eles estavam correndo atrás de suas próprias casas e esquecendo-se da Casa de Deus (1.9). O discernimento do povo estava confuso. Eles faziam uma leitura errada do tempo e das oportunidades. Pensavam que ainda não havia chegado o tempo de reconstruir a Casa de Deus (1.2). A leitura que o povo fazia do passado estava desfocada. Não havia satisfação espiritual nas suas realizações: eles semeavam muito e colhiam pouco, comiam e não se fartavam, bebiam e não se saciavam, vestiam-se e não se aqueciam, recebiam salário e o colocavam num saco furado

(1.6-9). Não obstante tudo isso, permaneciam paralisados espiritualmente.

O povo egresso do cativeiro fez também uma leitura errada das circunstâncias. Depois de receber permissão do rei Ciro para voltar à sua terra e de obter provisão para reconstruir o templo (Ed 1.1-4), enfrentaram algumas dificuldades. A primeira delas foi a extrema miséria e opróbrio em que se encontrava a cidade e a pobreza extrema dos restantes que lá ficaram (Ne 1.3). A segunda foi a oposição amarga dos samaritanos depois que foram descartados como parceiros da reconstrução (Ed 4.1-23). A terceira foi o decreto de Artaxerxes ordenando paralisar a obra de reconstrução (Ed 4.24). A confluência desses fatores levou os judeus a abandonarem o projeto da reconstrução. É nesse contexto que Ageu se levanta para exortar o povo, denunciar seus pecados e encorajá-lo a fazer a obra.

A resposta do povo à Palavra de Deus foi pronta e imediata (1.12). Três fatos merecem destaque:

A resposta à Palavra de Deus começa pela liderança (1.12). Zorobabel e Josué, o governador e o sumo sacerdote, o poder civil e o poder religioso, deram exemplo e foram os primeiros a aceitar a Palavra de Deus. Os líderes precisam ser o exemplo e dar o primeiro passo. Precisam ser modelo para o povo. Quando a liderança acerta sua vida com Deus, os liderados seguem seus passos. Se de um lado a vida do líder é a vida da sua liderança, por outro lado os pecados do líder são os mestres do pecado. O líder é um influenciador. Ele influencia sempre, para o bem ou para o mal. Zorobabel e Josué foram líderes que influenciaram para o bem.

A atitude de Zorobabel e de Josué é bem diferente da atitude do rei Jeoaquim. Baruque havia levado uma mensagem de Jeremias aos oficiais do rei. Jeudi, impressionado, pega o rolo da profecia e o lê diante do rei. Qual o resultado? "Tendo Jeudi lido três ou quatro folhas do livro, cortou-o o rei com um canivete do escrivão e o lançou no fogo que havia no braseiro, e, assim, todo o rolo se consumiu no fogo que estava no braseiro" (Jr 36.23). A insolência de Jeoaquim atraiu o juízo de Deus sobre ele (Jr 36.30,31). O povo foi para o cativeiro porque sua liderança se recusou a dar ouvidos à Palavra de Deus.

Agora, os líderes ouvem e atendem a voz de Deus "Então Zorobabel... e Josué.... e todo o resto do povo atenderam à voz do SENHOR..." (1.12). Isaltino Filho diz corretamente que o amor do povo pelas coisas de Deus não excederá em muito o amor demonstrado pelos seus líderes.[140]

A resposta à Palavra de Deus manifesta-se pela obediência (1.12). "Então Zorobabel... e Josué.... e todo o resto do povo atenderam à voz do SENHOR, seu Deus, e às palavras do profeta Ageu, as quais o SENHOR, seu Deus, o tinha mandado dizer..." (1.12). A maioria dos comentaristas entende que o resto do povo é o remanescente junto com os líderes; ou seja, o pequeno grupo que voltou do cativeiro babilônico.[141]

Quando a liderança obedece a Deus, os liderados seguem seus passos. Quando o povo viu seus líderes atendendo à voz de Deus, eles prontamente se dispuseram a também obedecer. A obediência é a única evidência de que alguém de fato ouviu a voz de Deus. Herbert Wolf diz corretamente que apenas depois de obedecer, alguém pode dizer que escutou a voz do Senhor.[142] A obediência à sua Palavra é o que Deus mais espera do seu povo. Deus diz por intermédio do profeta Samuel: "Tem, porventura, o SENHOR tanto prazer em holocaustos e sacrifícios quanto em que se obedeça à sua palavra? Eis que o obedecer é melhor do que o sacrificar, e o atender, melhor do que a gordura de carneiros" (1Sm 15.22).

A pregação de Ageu produziu resultados imediatos e eficazes. A pregação que não suscita reações é inútil. A pregação deve produzir efeitos.[143] Nessa mesma linha, Herbert Wolf diz que poucas vezes nos anais dos profetas uma mensagem tão breve recebeu tão favorável e inopinada resposta.[144] Warren Wiersbe, citando Geoffrey Sdudder-Kennedy, acrescenta: "Fé não é crer apesar das evidências; é obedecer apesar das conseqüências".[145]

A resposta à Palavra de Deus passa pela reverência (1.12). "... e o povo temeu diante do SENHOR" (1.12). A falta de temor diante do Senhor havia levado o povo ao cativeiro e agora os desviava da obra. Mas o temor os fez voltar para Deus e colocar as mãos na obra de Deus. É impossível ouvir a Deus sem temê-lo. É impossível temer a Deus sem obedecer-lhe. Herbert Wolf faz um oportuno comentário, quando escreve:

> Mediante uma reação positiva, o povo "temeu diante do SENHOR"; isto é, manifestou reverência para com o Senhor. Em lugar de fugirem ao cumprimento da sua tarefa por recearem a hostil reação dos vizinhos, os exilados que haviam voltado à terra começaram a temer àquele cujo poder era infinitamente maior. Tinham um novo temor e uma nova reverência pelo Deus que faz abalar os céus e a terra e destrói reinos e nações (2.6,22).[146]

Isaltino Filho diz que foi o falta de temor de Deus que produziu o relaxamento. Onde não há temor de Deus, a vida espiritual é decadente. Neemias, o grande líder da reconstrução dos muros de Jerusalém, declarou que não oprimira o povo "por causa do temor de Deus" (Ne 5.15). Uma postura sem temor em relação a Deus esposada por muitos crentes é responsável pelo baixo nível espiritual de tantas igrejas em nossos dias.¹⁴⁷ A falta de temor de Deus desemboca em decadência espiritual.

Depois que o povo de Deus atendeu à sua voz com obediência e humilde reverência, o profeta voltou a falar ao povo, trazendo-lhe palavras de ânimo e encorajamento. Vamos agora examinar essas mensagens.

A promessa de Deus ao seu povo (1.13)

A voz de Deus é poderosa e traz encorajamento. Duas verdades merecem destaque.

Em primeiro lugar, *Deus fala ao povo por intermédio de seu profeta* (1.13). "Então, Ageu, o enviado do SENHOR, falou ao povo, segundo a mensagem do SENHOR..." (1.13). Ageu é o enviado do Senhor. Ele se dirige ao povo não com uma mensagem de sua autoria, mas "segundo a mensagem do SENHOR". O profeta não é a fonte da mensagem. Ele não cria a mensagem; apenas a transmite. A mensagem não é do profeta, é de Deus por meio do profeta. O profeta é o instrumento e o canal, e não o reservatório, de onde emana a mensagem. Isaltino Filho está coberto de razão quando alerta: "O profeta de Deus deve ser escravo da Palavra de Deus. Seu lema deve ser o de Micaías: "O que o SENHOR me disser, isso falarei" (1Rs 22.14).¹⁴⁸

Ageu é um enviado do Senhor, e não um profeta da conveniência. Não prega o que o povo quer ouvir, mas o que Deus o mandou falar. Não dá ao povo a palha seca de seus sonhos, mas o trigo nutritivo da Palavra de Deus. Ageu não prega para encorajar o povo a buscar prosperidade e riqueza, mas para denunciar sua ânsia por conforto e luxo. Não prega para acalmar-lhes a consciência adormecida, mas para acicatar-lhes a alma com o aguilhão da verdade.

Não prega amenidades, mas a verdade absoluta. Ele não é um alfaiate do efêmero, mas um escultor do eterno.

Em segundo lugar, *Deus fortalece o povo por meio da sua presença* (1.13). "... Eu sou convosco, diz o SENHOR" (1.13). A cidade de Jerusalém fora entregue nas mãos de seus inimigos, porque o povo havia abandonado o Senhor (Lm 1.15). A glória de Deus tinha abandonado a cidade e o templo. A presença de Deus não estava mais com eles. O povo foi entregue nas mãos de seus inimigos. O cativeiro tornou-se inexorável. Setenta anos se passaram. O cativeiro havia chegado ao fim. O remanescente havia voltado para reconstruir o templo. Mas o ânimo inicial para a obra tinha acabado. O povo estava cuidando de embelezar suas próprias casas, enquanto a Casa do Senhor permanecia em ruínas. Tão logo, porém, a voz de Deus soou em seus ouvidos por intermédio de Ageu, o povo demonstrou arrependimento. Imediatamente, então, Deus os restaurou e os confortou com sua presença.

A presença de Deus conosco é a maior necessidade, o maior refúgio e o maior estímulo para fazermos sua obra. Tão logo o povo se voltou para Deus, Deus se voltou para o povo. Tão logo eles se humilharam e obedeceram, Deus se tornou favorável a eles e os fortaleceu com sua presença. O problema do povo não era a presença dos inimigos nem a enormidade dos obstáculos, mas a ausência de Deus. Se Deus está conosco nenhum problema pode deter os nossos passos. O apóstolo Paulo pergunta: "Se Deus é por nós, quem será contra nós?" (Rm 8.31).

Isaltino Filho está correto quando diz que a presença de Deus é a melhor as bênçãos, porque inclui todas as outras.[149] Moisés se recusou a prosseguir sua caminhada com o povo pelo deserto sem a presença de Deus (Êx 33.15).

Josué e Calebe encorajaram o povo a tomar posse da terra prometida, dizendo-lhe que Deus era com eles (Nm 14.9). Os discípulos de Jesus, antes de serem comissionados a fazer discípulos no mundo inteiro, receberam uma poderosa palavra de estímulo: "... E eis que estou convosco todos os dias até à consumação dos séculos" (Mt 28.20).

O despertamento de Deus ao seu povo (1.14)

Três verdades nos chamam a atenção neste texto:

Em primeiro lugar, *Deus trabalha em nós antes de trabalhar por nosso intermédio* (1.14). "O SENHOR despertou o espírito de Zorobabel, filho de Salatiel, governador de Judá, e o espírito de Josué, filho de Jozadaque, sumo sacerdote, e o espírito do resto de todo o povo..." (1.14). O Eterno deu ânimo e coragem aos dois líderes. O impacto do ânimo divino não ficou apenas no coração; desceu às mãos.[150] Antes de Deus trabalhar por nosso intermédio, ele trabalha em nós. Na verdade é o próprio Deus quem faz a sua obra por nosso intermédio. Deus é o agente, somos apenas os instrumentos. Um planta, outro rega, mas só Deus pode dar o crescimento (1Co 3.6). Deus é quem opera em nós tanto o querer quanto o realizar (Fp 2.13). J. G. Baldwin demonstra claro discernimento quando diz que o impacto da pregação de Ageu foi tal que todos, unanimemente, decidiram retomar o trabalho no templo, mas de forma alguma isto lhes foi creditado. O Senhor o fizera.[151]

Em segundo lugar, *um povo motivado demonstra entusiasmo coletivo* (1.14). "... eles vieram e se puseram ao trabalho..." (1.14). Quando Deus despertou o espírito da liderança e dos liderados, todos se ergueram para o trabalho. O que faltava era motivação e entusiasmo. Um povo motivado é um povo ativo. Um povo despertado por Deus é um povo dinâmico e operoso. Onde falta entusiasmo e motivação, há acomodação espiritual e cada um começa a correr atrás apenas de seus interesses.

Na construção do segundo templo, todos colocaram as mãos na obra. Os líderes na frente e em seguida todo o povo. O trabalho é grande e precisa da participação de todos. Hoje, infelizmente, cerca de vinte por cento dos membros realizam a obra enquanto os demais assistem. Precisamos entender que somos um corpo no qual cada membro tem sua função. Somos uma família na qual cada um exerce o seu papel. Somos um exército onde cada soldado tem seu campo de luta. Somos construtores do santuário de Deus no qual cada um deve trabalhar com zelo e alegria!

Em terceiro lugar, *um povo despertado por Deus engaja-se na obra de Deus* (1.14,15). "... eles vieram e se puseram ao trabalho na Casa do SENHOR dos Exércitos, seu Deus, ao vigésimo-quarto dia do sexto mês" (1.14,15). A casa de Deus havia sido abandonada por mais de quinze anos. Os fundamentos tinham sido lançados, mas a casa ainda estava sem teto. Os escombros, os obstáculos, a oposição e o edito do rei persa lançaram uma pá de cal na disposição do povo. Porém, ao ouvir a voz de Deus, o povo se encheu de entusiasmo e todos se puseram ao trabalho na Casa do Senhor. George Robinson acentua que a reedificação do templo é o centro de interesse ao redor do qual gira tudo que o Ageu pregou.[152]

Herbert Wolf está correto quando diz que só ao obedecer ao Senhor o povo pode chamar-lhe de "seu Deus" (1.14). Eles não tinham o direito de chamar-lhe de "seu Deus" enquanto não começassem a escutá-lo e a aproximar-se dele.[153]

Vinte e quatro dias após a mensagem do Senhor ter sido transmitida ao povo pela instrumentalidade de Ageu, a obra da reconstrução do templo teve início. Essas três semanas decorridas não indicam uma demora em responder ao desafio lançado; antes, constituíram o tempo necessário para planejamento e organização. O material tinha de ser reunido (1.8) e técnicos competentes precisavam ser contratados (Ed 3.7).[154]

O encorajamento de Deus ao povo (2.1-5)

Começa aqui a segunda mensagem de Ageu. Seu propósito é incentivar os judeus mais idosos que tinham visto a grandeza do primeiro templo a cobrar ânimo para a reconstrução do segundo templo. J. Sidlow Baxter diz que Ageu usou especialmente três fatos para encorajá-los: Primeiro, a aliança do Senhor com Israel continua em pé (2.5). Segundo, o Espírito de Deus ainda permanece com eles (2.5). Terceiro, o rei prometido voltará em glória e poder (2.6-9). Essas são as três coisas que também devem inspirar-nos: a aliança, a presença do Espírito e a volta prometida do Rei.[155]

Vamos examinar mais detidamente a passagem em tela, destacando três solenes verdades.

Em primeiro lugar, *Deus fala ao povo em uma ocasião especial* (2.1,2). Assim registra a Escritura:

> No segundo ano do rei Dario, no sétimo mês, ao 21 do mês, veio a palavra do SENHOR por intermédio do profeta Ageu, dizendo: Fala, agora, a Zorobabel, filho de Salatiel, governador de Judá, e a Josué, filho de Jozadaque, o sumo sacerdote, e ao resto do povo, dizendo (2.1,2).

A primeira profecia foi entregue no primeiro dia do sexto mês (1.1). Esta ocorre ao vigésimo primeiro, do mês sétimo, o último dia da festa (Lv 23.34-43). A Palavra de Deus veio à liderança e ao povo no último dia da Festa dos Tabernáculos. Essa era a festa mais alegre dos judeus. Era a festa das colheitas. Durante uma semana os judeus habitavam em cabanas na cidade de Jerusalém e celebravam a generosidade da providência divina. O último dia da festa era a apoteose da celebração.

Nesse mesmo dia o templo de Salomão havia sido dedicado (1Rs 8.2). Nesse mesmo dia Ageu despertou o povo para reconstruir o templo (2.1). Nesse mesmo dia Jesus ergueu sua voz, oferecendo aos sedentos a água da vida (Jo 7.37,38). O Senhor aproveitou para falar num dia em que o povo estava reunido. Deus é pertinente e oportuno em sua fala. Herbert Wolf diz que, aos que atravessavam um período de estiagem, Ageu, naquele feriado religioso estrategicamente oportuno, dirigiu ao povo palavras de ânimo.[156]

Martinho Lutero, dois mil anos depois de Ageu, demonstrou a mesma pertinência quando fixou nas portas da igreja de Wittenberg, na Alemanha, as 95 teses contra as indulgências, no dia 31 de outubro de 1517. Aquele dia era a véspera de "todos os santos". Nessa ocasião uma multidão acorria à igreja. Nas portas dessa igreja da universidade ficava o painel informativo da cidade. Era o principal *outdoor* da cidade, onde os comunicados mais importantes eram lidos. Como Ageu, Lutero foi oportuno, pertinente e sábio ao usar de maneira mais adequada o espaço e o tempo.

Em segundo lugar, *Deus diagnostica no povo um desânimo nostálgico* (2.3). "Quem dentre vós, que tenha sobrevivido, contemplou esta casa na sua primeira glória? E como a vedes agora? Não é ela como nada aos vossos olhos?" (2.3). A construção do segundo templo produziu nos construtores sentimentos diferentes e até contraditórios. Aqueles que conheceram a magnificência do templo salomônico choravam ao se lembrar das glórias do templo passado e da singeleza do templo presente (Ed 3.8-13). A diferença entre os dois templos era enorme. O esplendor externo do segundo templo era muito menor do que o do primeiro. Os jovens, entretanto, que não conheceram o templo de Salomão, alegravam-se com intenso júbilo diante da obra que estava surgindo. As vozes de alegria e choro se misturaram em Jerusalém.

Schwantes faz um claro paralelo entre esses dois templos, nas seguintes palavras: "O primeiro templo foi sustentado pelo Estado; este é construído por lavradores empobrecidos. Aquele era protegido como santuário real; este é templo de uma cidade sem muros (Zc 2.1-5). O templo, ao qual se refere a profecia de Ageu, não passava de uma capela aldeã em comparação ao templo de Salomão".[157] H. Ray Dunning, citando Edward Pusey, escreve sobre o requinte do templo salomônico:

> Além da riqueza das esculturas no primeiro templo, tudo que lhe era pertinente era revestido de ouro. Salomão revestiu o altar inteiro dentro do oráculo, os dois querubins, o chão da casa, as portas do Santo dos Santos e seus ornamentos; os entalhes de querubins e palmeiras, cobriu de ouro amoldado na madeira entalhada; o altar de ouro e a mesa de ouro, sobre o qual ficava o pão da proposição; os dez candelabros de puro ouro, com as flores, as lâmpadas e os tenazes de ouro; as taças, os espevitadores, as bacias, as colheres e os incensários de puro ouro, e as dobradiças de puro ouro para todas as portas do templo. A varanda que ficava em frente da casa, de 20 côvados de largura por 120 de altura, foi revestida de ouro puro por dentro; a casa brilhava com pedras preciosas [...]. Foram empregados 600 talentos de ouro para revestir o Santo dos Santos. As câmaras superiores também eram de ouro, o peso dos pregos era de 50 ciclos de ouro.[158]

O problema é que o saudosismo nostálgico dos veteranos estava desanimando o entusiasmo dos jovens. Olhar para a vida pela visão do retrovisor pode retardar nossos passos e nos impedir de avançar mais celeremente. Os mais velhos, em vez de serem elementos motivadores, estavam transformando-se em empecilhos para os mais novos. Clyde Francisco diz que Ageu os advertiu, dizendo que a aparência material do templo não era o mais importante.[159] A glória daquele templo não estava em suas paredes revestidas de ouro, mas no fato de o próprio Messias, o Senhor da glória, entrar nele (Jo 2.13-25).

Gerard Van Groningen está correto quando afirma que o real conceito do templo vai além da estrutura literal, pois Iavé não é um ídolo material como os deuses pagãos nem precisa de uma casa para habitar. A glória do templo não dependeria de sua forma externa. Ao contrário, a glória é vista na própria presença de Iavé. Assim, a mensagem do profeta é que a aparência da estrutura não diminui a glória do templo, pois o próprio Iavé encherá o templo com sua glória. Não somente Israel, mas os povos e todas as nações virão à casa de Iavé e verão sua glória universal e eterna.[160]

Em terceiro lugar, *Deus oferece ao povo um remédio eficaz* (2.4,5). Vejamos a mensagem do profeta:

> Ora, pois, sê forte, Zorobabel, diz o SENHOR, e sê forte, Josué, filho de Jozadaque, sumo sacerdote, e tu, todo o povo da terra, sê forte, diz o SENHOR, e trabalhai, porque eu sou convosco, diz o SENHOR dos Exércitos; segundo a palavra da aliança que fiz convosco, quando saístes do Egito, o meu Espírito habita no meio de vós; não temais (2.4,5).

O remédio de Deus é eficaz. Para um povo pobre, acuado pelos inimigos e desmotivado pelas circunstâncias, Deus oferece um tratamento completo e eficaz. Quais foram os remédios usados por Deus?

a. Uma ordem encorajadora (2.4). Durante três vezes Deus repetiu a mesma palavra: Sê forte! Essa foi a mesma palavra que Davi endereçou a seu filho Salomão para encorajá-lo a construir o primeiro templo: "... Sê forte e faze a obra" (1Cr 28.10). Agora, quem encoraja a liderança é o próprio Deus. A nossa força não vem de dentro, mas do alto. Não é uma questão de auto-ajuda, mas de ajuda do alto. Nossa força não vem do braço da carne, mas do Espírito de Deus (Zc 4.6). Não vem da conjuntura política, mas da soberana intervenção de Deus. Há momentos em que tanto os líderes quanto o povo precisam de encorajamento e fortalecimento. A ordem era clara: Sê forte e trabalhai. Somente um povo fortalecido pode trabalhar. Russell Norman Champlin diz que, infelizmente, a maioria das pessoas é forte como um touro na busca pelos prazeres, mas fraca como um verme quando chega o tempo de trabalhar para Deus.[161]

b. Uma presença garantida (2.4). Deus disse: "... porque eu sou convosco..." (2.4). A consciência da presença e da proteção de Deus conosco é o que nos fortalece para o trabalho. Sem a presença de Deus, não podemos caminhar pelo deserto rumo à terra prometida. Sem a presença de Deus, não podemos triunfar sobre os inimigos. Sem a presença de Deus, tropeçaremos em nossas próprias pernas. Nada podemos fazer sem Jesus. James Wolfendale diz que a presença de Deus compensará nossas angústias passadas, nos ajudará nos deveres presentes e será totalmente suficiente para os nossos desafios futuros.[162] Quando perguntaram a David Levingstone, missionário que dedicou a vida à evangelização da África e enfrentou agruras indescritíveis, tendo sido até mesmo atacado por um leão, o que o motivava a trabalhar em situação tão precária, ele respondeu: "A convicção de que Jesus está comigo". Jim Elliot, missionário mártir nas Américas, de forma inesquecível, disse: "Não é tolo aquele que dá o que não pode reter para ganhar o que não pode perder". É melhor dar a vida para reter a vida eterna.

c. Uma aliança imutável (2.5). A presença de Deus estava com eles em cumprimento à aliança firmada com eles no Egito: "segundo a palavra da aliança que fiz convosco, quando saístes do Egito..." (2.5). Quando o tabernáculo foi consagrado por Moisés, a presença de Deus se mudou para lá (Êx 40.34-38), pois o Senhor havia prometido habitar no meio de seu povo. Deus é fiel à sua promessa e à sua aliança. Mesmo quando somos infiéis, ele permanece fiel. Deus firmou conosco uma aliança eterna de ser o nosso Deus e de sermos o seu povo. Quando lhe desobedecemos, ele nos disciplina. Quando nos voltamos para ele, ele nos perdoa e nos restaura. Quando nos sentimos desencorajados, ele nos anima. Quando nossas mãos ficam frouxas, ele nos capacita a fazer sua obra. É o próprio Deus triúno que nos dá forças para fazermos o seu trabalho. James Wolfendale diz acertadamente que as promessas do evangelho são seladas para nós pela palavra do Pai, pelo sangue do Filho e pelo testemunho do Espírito Santo.[163]

d. Uma habitação consoladora (2.5). O profeta Ageu diz ao povo em nome do Senhor dos Exércitos: "... o meu Espírito habita no meio de vós; não temais" (2.5). O Espírito de Deus é a fonte de todo o poder. A obra seria feita com o auxílio do Espírito Santo. É nesse contexto que o profeta Zacarias disse: "... Esta é a palavra do SENHOR a Zorobabel: Não por força nem por poder, mas pelo meu

Espírito, diz o Senhor dos Exércitos" (Zc 4.6). O povo não precisava temer as circunstâncias nem as pessoas, pois o Deus Todo-poderoso, por meio do seu Espírito estava no meio deles. Deus não nos deu Espírito de covardia, mas de poder (2Tm 1.7). Onde está o Espírito de Deus, o medo não prevalece. Um povo habitado pelo Espírito, cheio do Espírito e movido pelo Espírito abandona o medo, triunfa sobre as dificuldades e realiza grandes obras para Deus. Isaltino Filho diz que, àquele que crê, é proibido ter medo, pois quem crê não teme. "Não temas" é o mandamento mais repetido por Jesus Cristo no Novo Testamento. E é uma das mais constantes ordens de Deus por toda a Bíblia.[164]

A vitória de Deus prometida ao seu povo (2.6,7)

O profeta Ageu ergue sua voz e proclama: "Pois assim diz o Senhor dos Exércitos: Ainda uma vez, dentro em pouco, farei abalar o céu, a terra, o mar e a terra seca; farei abalar todas as nações, e as cousas preciosas de todas as nações virão, e encherei de glória esta casa, diz o Senhor dos Exércitos" (2.6,7). Aqui o futuro é condensado. Esta é uma visão de audácia incrível que revela a fé invencível do profeta.[165]

Charles Feinberg diz que os judeus são incentivados a continuar a obra do templo porque o Senhor lhes assegura que, sendo ele o Deus das nações, dentro em breve manifestaria seu infinito poder para provocar uma subversão nos reinos do mundo em preparação para o estabelecimento do reino de Messias.[166]

Nessa mesma linha de pensamento, Gerard Van Groningen, citando Laetsch, diz que o Senhor, por meio do profeta, prediz essa era de constantes guerras, revoluções e contra-revoluções que caracterizaram os últimos cinco séculos antes da vinda de Cristo. Todos esses abalos servem ao propósito de Deus; eles prepararam o caminho para o reino messiânico. O profeta está falando de um futuro inteiro, incluindo não somente a primeira vinda, mas também a segunda. O cumprimento seria imediato, com significado para seu tempo. A profecia teve cumprimento maior no nascimento do Messias e será cumprida de modo completo no abalo final referido em Hebreus 12.26. A profecia é, portanto, paralela à visão de Daniel 2 e é semelhante à mensagem de Amós 9.1-4.[167]

Warren Wiersbe corrobora essa visão com as seguintes palavras:

> Ageu voltou os olhos para o futuro ainda mais distante e viu o fim dos tempos, quando Deus abalaria as nações e Jesus voltaria (2.7). Esse versículo é citado em Hebreus 12.26,27 e aplicado à volta de Cristo no fim dos tempos. Deus havia feito o monte Sinai estremecer quando deu a lei (Hb 12.18-21; Êx 19.16-25) e abalará as nações antes de enviar seu Filho (Mt 24.29,30). Hoje, porém, o povo de Deus pertence a um reino que não pode ser abalado (Hb 12.28), e os cristãos participarão da glória de Cristo, quando ele estabelecer seu reino glorioso.[168]

Desta maneira, Ageu encoraja o povo de Judá, dizendo-lhe que aquele que estava no trono e governava o mundo não era o rei persa, mas o Deus vivo. O destino deles não estava nas mãos dos poderosos da terra, mas nas mãos do Deus Todo-poderoso. O Senhor mesmo iria sacudir o império persa e os demais impérios que haveriam de surgir. Os reinos do mundo entrariam em colapso, mas o reino de Deus seria estabelecido.

Isaltino Filho alerta para o fato de que os sinais cósmicos estão associados ao templo. O templo é a declaração de que a vida religiosa foi normalizada. Uma nova etapa na vida de Judá estava começando. No futuro algo glorioso aconteceria no templo.[169] "A glória desta última casa seria maior do que a da primeira (2.9). O próprio Senhor da glória entraria nessa casa e daria a ela um novo significado. Seu corpo oferecido na cruz seria o santuário que seria destruído para ser reconstruído pelo poder da ressurreição e, então, o santuário vivo de Deus seria sua igreja (1Co 6.19). Deus Pai habita na igreja (Ef 3.19). O Deus Filho habita na igreja (Ef 1.23). O Espírito Santo habita na igreja (Ef 5.18). A Trindade excelsa habita em nós (Jo 14.23). Deus faz morada em nós. A Trindade tem sua morada no cristão.

Isaltino Filho escreve:

> Que mensagem confortadora! Ao mesmo tempo, que mensagem assustadora! Somos muito mais que carne, ossos, músculos e nervos. Somos a morada da Divindade. Que glória e, ao mesmo tempo, que tremenda responsabilidade! No cristianismo, as pessoas é que são santas, e não um prédio. O prédio da igreja feito de tijolos não é santo, mas as pessoas que estão dentro do prédio é que são santas. O prédio da igreja não é o santuário. As pessoas lá dentro é que são o santuário da morada de Deus.[170]

A provisão de Deus prometida ao seu povo (2.8)

Deus diz por intermédio de Ageu ao povo: "Minha é a prata, meu é o ouro, diz o SENHOR dos Exércitos" (2.8). O remanescente havia recebido a promessa de contribuições do governo persa (Ed 1.4; 3.7; 6.4). Agora, o povo oprimido de Judá estava desanimado por falta de recursos para fazer a obra. O pouco que tinham investiam em suas casas. Deus, então, encoraja o povo dizendo-lhe que o problema da obra não era falta de recurso, mas a falta de fé. Não era falta de dinheiro, mas falta de visão. Não era falta de ouro, mas falta de obediência. Toda a riqueza do mundo pertence a Deus. Ele é o provedor da sua própria causa. A obra de Deus, feita no tempo de Deus, em consonância com a vontade Deus, jamais terá falta dos recursos de Deus.

Isaltino Filho faz o seguinte comentário:

> O versículo 8 é um parêntese que, em poucas palavras, significa que é justo que o dinheiro dos persas seja utilizado na reconstrução (Ed 1.6). Tudo é de Deus. Acontece que as riquezas, momentaneamente, estão em mãos humanas, mas tudo é dele. Significa também que Deus não está pedindo nenhum favor quando deseja seu templo construído. Faltam bens? Eles aparecerão. Afinal, as riquezas são dele.[171]

O profeta Ageu lembra ao povo que Deus não depende de ninguém para a provisão de recursos. Da perspectiva divina, a prata e o ouro lhe pertencem. Não existe problema financeiro para Deus, e os judeus não tinham por que duvidar da sua competência em conseguir os recursos necessários à obra.[172] Ciro havia decretado que tudo quanto de ouro e prata fora tirado do templo por Nabucodonosor voltasse para Jerusalém (Ed 6.5), e Dario autorizou os seus funcionários a cobrir as despesas da reconstrução do templo com os recursos do tesouro real (Ed 6.8).

A glória de Deus entre o seu povo (2.9)

O profeta Ageu oferece mais um tônico de encorajamento para o povo, falando-lhes da seguinte forma: "A glória desta última casa será maior do que a da primeira, diz o SENHOR dos Exércitos; e, neste lugar, darei a paz, diz o SENHOR dos Exércitos" (2.9). A glória do primeiro templo era material; a glória do segundo era espiritual. O primeiro templo era magnificente em ouro e prata; o segundo era grandioso porque nele entraria o dono de todo o ouro e de toda a prata. Por que a glória do segundo templo seria maior do que a glória do primeiro? Por duas razões.

Em primeiro lugar, *por causa da presença de Deus nesse templo* (2.9). O segundo templo construído por Zorobabel foi mais tarde embelezado por Herodes, o Grande. Durante 46 anos, esse templo recebeu todo o requinte de uma construção grandiosa e magnificente (Jo 2.19). Porém, a glória desse templo não estava em suas pedras douradas e na sua imponência, mas no fato de que foi nele que o Senhor Jesus, o Deus que se fez carne e habitou entre nós, entrou. Jesus trouxe graça e glória (Jo 1.14,16).

Herbert Wolf diz corretamente que, quando Jesus Cristo entrou no templo no século 1 da nossa era, a Casa do Senhor encheu-se de glória como nunca antes.[173] Ali estava alguém "maior do que Salomão" (Mt 12.42). Dionísio Pape diz que a glória da última casa foi a presença de Jesus Cristo, o nosso Salvador.[174]

Em segundo lugar, *por causa da oferta de Deus feita nesse templo* (2.9). "... e, neste lugar, darei a paz, diz o SENHOR dos Exércitos" (2.9). Russell Norman Champlin diz que as bênçãos da era messiânica são sumariadas em uma palavra: Paz! "Neste lugar, darei a paz".[175] Pelo sangue da cruz de Cristo fomos reconciliados com Deus (Cl 1.20). Porque fomos justificados pela obra de Cristo, mediante a fé, agora temos paz com Deus (Rm 5.1) e também a paz de Deus (Fp 4.7). Essa paz não é apenas ausência de conflitos nem meramente um sentimento de bem-estar. Essa paz é relacional e experimental. Trata-se de uma paz perene, que nos coloca em uma relação certa com Deus, com o próximo e conosco, agora e por toda a eternidade. Concordo com Charles Feinberg quando ele diz que Deus tem o melhor reservado para o futuro. Porém, só o olho da fé pode discerni-lo.[176]

Notas do capítulo 2

[140] COELHO FILHO, Isaltino Gomes. *Ageu: nosso contemporâneo*, p. 32.
[141] DUNNING, H. Ray. "O livro de Ageu", p. 280.
[142] WOLF, Herbert. *Ageu e Malaquias*, p. 28.
[143] COELHO FILHO, Isaltino Gomes. *Ageu: nosso contemporâneo*, p. 31.
[144] WOLF, Herbert. *Ageu e Malaquias*, p. 27.
[145] WIERSBE, Warren W. *Comentário bíblico expositivo*, p. 544.
[146] WOLF, Herbert. *Ageu e Malaquias*, p. 28.
[147] COELHO FILHO, Isaltino Gomes. *Ageu: nosso contemporâneo*, p. 32.
[148] COELHO FILHO, Isaltino Gomes. *Ageu: nosso contemporâneo*, p. 33.
[149] COELHO FILHO, Isaltino Gomes. *Ageu: nosso contemporâneo*, p. 33.
[150] COELHO FILHO, Isaltino Gomes. *Ageu: nosso contemporâneo*, p. 33.
[151] BALDWIN, J. G. *Ageu, Zacarias e Malaquias*, p. 32.
[152] ROBINSON, George L. *Los doce profetas menores*, p. 116.
[153] WOLF, Herbert. *Ageu e Malaquias*, p. 30.
[154] WOLF, Herbert. *Ageu e Malaquias*, p. 30,31.
[155] BAXTER, J. Sidlow. *Examinai as Escrituras: Ezequiel a Malaquias*, p. 265.
[156] WOLF, Herbert. *Ageu e Malaquias*, p. 33.
[157] SCHWANTES, Milton. *Ageu*, p. 43.
[158] DUNNING, H. Ray. "O livro de Ageu", p. 283.
[159] FRANCISCO, Clyde T. *Introdução ao Velho Testamento*, p. 200.
[160] GRONINGEN, Gerard Van. *Revelação messiânica no Velho Testamento*, p. 787.
[161] CHAMPLIN, Russell Norman. *O Antigo Testamento interpretado versículo por versículo*, p. 3650.
[162] WOLFENDALE, James. *The preacher's complete homiletic commentary*, p. 574.
[163] WOLFENDALE, James. *The preacher's complete homiletic commentary*, p. 574.
[164] COELHO FILHO, Isaltino Gomes. *Ageu: nosso contemporâneo*, p. 37.
[165] DUNNING, H. Ray. "O livro de Ageu", p. 283.
[166] FEINBERG, Charles L. *Os profetas menores*, p. 247.
[167] GRONINGEN, Gerard Van. *Revelação messiânica no Velho Testamento*, p. 785,786.
[168] WIERSBE, Warren W. *Comentário bíblico expositivo*, p. 547.
[169] COELHO FILHO, Isaltino Gomes. *Ageu: nosso contemporâneo*, p. 39.
[170] COELHO FILHO, Isaltino Gomes. *Ageu: nosso contemporâneo*, p. 39,40.
[171] COELHO FILHO, Isaltino Gomes. *Ageu: nosso contemporâneo*, p. 38.

172 WOLF, Herbert. *Ageu e Malaquias*, p. 42.
173 WOLF, Herbert. *Ageu e Malaquias*, p. 42.
174 PAPE, Dionísio. *Justiça e esperança para hoje*, p. 110.
175 CHAMPLIN, Russell Norman. *O Antigo Testamento interpretado versículo por versículo*, p. 3651.
176 FEINBERG, Charles L. *Os profetas menores*, p. 248.

Capítulo 3

Deus chama seu povo à santidade
(Ag 2.10-23)

EXAMINAMOS ATÉ AQUI as duas primeiras mensagens de Ageu (1.1-14; 2.1-9). Agora, examinaremos as duas últimas (2.10-19; 2.20-23). Na primeira mensagem, Deus chama seu povo à reflexão. Na segunda mensagem, Deus o chama ao trabalho. Agora, Deus chama seu povo à santidade.

O que emperra o avanço da obra de Deus não é a falta de recursos financeiros, nem a oposição dos inimigos, nem mesmo os entraves políticos, mas o pecado. Deus não requer do seu povo apenas rituais religiosos; ele exige santidade. Obediência é melhor do que sacrifícios. Sem obediência, tudo em que colocamos as mãos torna-se imundo aos olhos de Deus. O Senhor não pode aceitar nossas ofertas sem antes aceitar nossa vida. Primeiro o Senhor se agrada do ofertante, depois da oferta. A vida do adorador precisa recomendar sua oferta. Deus está mais interessado no que somos do que naquilo que fazemos. Deus não busca adoração; ele procura adoradores que o adorem em espírito e em verdade (Jo 4.23,24).

Ainda hoje há muitos ritos sagrados e pouca santidade. Há muitos que fazem a obra, mas estão com a vida, as obras e as ofertas contaminadas. Deus não requer apenas que pisemos nos seus átrios; quer que nos acheguemos a Ele com santa reverência e inegociável obediência. Deus exige a verdade no íntimo. Gerard Van Groningen diz corretamente que a preocupação de Iavé não é somente abençoar materialmente o povo. Seu maior propósito é dar início ao tempo em que o Messias, de que eles necessitam muito mais urgentemente, virá e "tabernaculará" entre eles (Jo 1.14).[177]

Vamos considerar agora, as duas últimas mensagens do profeta Ageu.

Uma parábola intrigante (2.10-14)

Dois meses e três dias depois da segunda mensagem de Ageu, Deus voltou a falar com ele (2.10). O profeta fala em nome de Deus. Ele não é dono da mensagem, mas seu servo. Ele não produz a mensagem, mas a transmite. A mensagem não é do profeta à nação, mas de Deus por meio do profeta à nação.

Quem se dirige ao povo por meio de Ageu é o Senhor dos Exércitos (2.11). Aquele que domina sobre as hostes celestiais e sobre os reinos da terra. Aquele que tem toda autoridade e todo poder nos céus e na terra.

O soberano Senhor dá uma ordem para que consultem os sacerdotes acerca do ritual da contaminação e da purificação. Os sacerdotes ensinavam e interpretavam a lei para o povo (Dt 33.10). Eles eram os professores do povo em questões da lei mosaica (Dt 17.8,9). Sempre que alguém tivesse alguma dúvida sobre um ponto da lei mosaica, o sacerdote era a pessoa a quem devia recorrer (Dt 33.8-10; Ml 2.7). Os profetas recebiam novas revelações de Deus, ao passo que os sacerdotes tinham a palavra final sobre o significado da lei (Jr 18.18). Ageu, portanto, não está interessado aqui em legislar, mas em mostrar qual a maneira correta de compreender um aspecto particular da lei.[178]

Aos sacerdotes foram feitas duas intrigantes perguntas. A primeira pergunta versou sobre santidade, e a segunda sobre contaminação. Em seguida, temos duas respostas, sendo a primeira negativa e a segunda positiva. Finalmente, temos uma aplicação espiritual. Vamos olhar essas lições.

Em primeiro lugar, *as coisas santas não têm o poder de tornar puras as coisas imundas* (2.12). "Se alguém leva carne santa na orla de sua veste, e ela vier a tocar no pão, ou no cozinhado, ou no vinho, ou no azeite, ou em qualquer outro mantimento, ficará isto santificado? Responderam os sacerdotes: Não" (2.12). Quando um animal sem defeito era levado para o sacrifício, era considerado santo; ou seja, separado exclusivamente para Deus (Lv 6.25). No altar ele era oferecido ao Senhor como sacrifício. A carne que sobejava de alguns sacrifícios podia ser usada pelos sacerdotes. Porém, eles precisavam ter cuidado com sua maneira de comer, com o lugar onde se alimentavam e com o que faziam com os restos (Lv 6.8–7.38). Se essa veste *santa* (Lv 6.27) que transportava a carne tocasse em algum alimento não santificado, esse contato não tornava esse alimento puro. O significado era claro: a santidade não pode ser transmitida de um objeto para o outro nem de uma pessoa para outra. Isaltino Filho está correto quando diz que santidade não se transfere. Não há santidade por osmose.[179] A suma do argumento é que aquilo que era cerimonialmente santo não podia santificar o imundo ao tocá-lo. Pelo contrário, o que era cerimonialmente imundo contaminava tudo aquilo que tocava (Nm 19.11-22).[180]

Nessa mesma trilha de pensamento, Charles Feinberg diz que a pureza moral não podia ser transmitida, mas impureza moral podia, da mesma forma que um homem saudável não pode comunicar sua saúde a um filho enfermo, mas o filho enfermo pode transmitir sua enfermidade ao pai.[181]

Em segundo lugar, *as coisas imundas têm o poder de contaminar as coisas santas* (2.13). "Então, perguntou Ageu: Se alguém que se tinha tornado impuro pelo contato com um corpo morto tocar nalguma destas cousas, ficará ela imunda? Responderam os sacerdotes: Ficará imunda" (2.13). O contato com um cadáver ocasionava grave impureza que só podia ser removida mediante purificação com água depois de sete dias (Nm 19.11-13). Durante esse tempo, tudo quanto o imundo tocava tornava-se também imundo (Nm 19.22).[182] A lição é clara: se a santidade não se transmite de uma pessoa para outra, o pecado tem o forte poder de contaminação. O pecado contamina. É contagioso. A santidade não é contagiosa, mas o pecado é. Clyde Francisco diz que a impureza é mais contagiante do que a santidade.[183] A pecaminosidade é mais contagiosa do que a santidade.

Warren Wiersbe está correto quando afirma que se pode transmitir contaminação de um objeto para outro ou de uma pessoa para outra, mas não se pode transmitir santidade. Como já dissemos, o mesmo princípio aplica-se à saúde: você pode transmitir uma enfermidade a pessoas saudáveis e levá-las a adoecer, mas não pode dividir com elas sua saúde. Desta forma as pessoas que trabalhavam no templo não podiam transmitir-lhe santidade, mas podiam contaminá-lo com seus pecados.[184]

Nessa mesma linha de pensamento, Isaltino Filho diz que é muito mais fácil transmitir corrupção do que santidade. Pode-se apanhar um resfriado pelo contato com quem o tenha, mas é impossível adquirir a saúde de outrem. Na esfera moral e espiritual, o pecado de Adão contaminou toda a raça humana (Rm 5.12), mas os pais crentes não podem transmitir aos filhos a sua condição de salvos. Semelhantemente ao que se dá com as enfermidades do corpo, o pecado é também contagioso, e muito mais do que elas, assim é melhor fugir de toda a forma do mal (1Ts 5.22).[185] George Robinson destaca o imenso poder contagioso do pecado e afirma que, com esta parábola, Ageu ensina que, ainda que a justiça não seja contagiosa, a injustiça o é.[186]

Em terceiro lugar, *uma profunda aplicação espiritual* (2.14). "Então, prosseguiu Ageu: Assim é este povo, e assim esta nação perante mim, diz o Senhor; assim é toda a obra das suas mãos, e o que ali oferecem: tudo é imundo" (2.14). Dionísio Pape corretamente diz que o santuário desmoronado se comparava a um cadáver. Quem o tocasse naquele estado e oferecesse sacrifícios nele seria imundo, e o efeito do culto seria nulificado: "tudo é imundo". Logicamente, para o templo voltar a ser um corpo vivo, era imprescindível restaurá-lo à perfeição anterior. Só assim Deus aceitaria o culto solene.[187]

A negligência da liderança sacerdotal contaminara toda a nação. A nação inteira pagava por isso. Tudo se contaminara.

Por isso, diz o profeta: "Assim é este povo, e assim é esta nação diante de mim, diz o SENHOR; assim é toda a obra das suas mãos; e o que é ali oferecem: tudo é imundo" (2.14). Israel tinha sido destinado para o Senhor como um povo santo (Êx 19.6), mas a nação se tornara impura, e tudo o que eles tocassem, inclusive suas ofertas, se tornaria impuro. A ruína do templo era como um cadáver no meio deles, diz J. G. Baldwin.[188] Mas, como eles eliminariam a impureza, se os próprios sacrifícios eram impuros, pergunta Isaltino Filho.[189]

Uma admoestação solene (2.15-18)

Wilson de Souza Lopes, um dos paladinos do púlpito evangélico afirmou certa feita: "Quem não tem memória, não tem história. Quem não tem história, não tem gratidão. Quem não tem gratidão, não tem o que agradecer". Precisamos voltar os olhos para o passado a fim de ler o presente e preparar-nos para o futuro. Mais uma vez o profeta conclama o povo a considerar o que está acontecendo. Voltar os olhos para o passado nos ajuda a entender o presente e a marchar rumo ao futuro. Precisamos ter os olhos da alma abertos para fazermos uma correta leitura do que acontece ao nosso redor. Sem discernimento, nós nos tornaremos piores do que o boi (Is 1.3) e a mula (Sl 32.9). O que o povo precisa discernir?

Em primeiro lugar, *a negligência na obra de Deus acarreta sérios prejuízos* (2.15,16). Assim escreve o profeta Ageu: "Agora, pois, considerai tudo o que está acontecendo desde aquele dia. Antes de pordes pedra sobre pedra no templo do SENHOR, antes daquele tempo, alguém vinha a um monte de vinte medidas, e havia somente dez; vinha ao lagar para tirar cinqüenta, e havia somente vinte" (2.15,16). A construção do templo havia ficado parada por dezesseis anos. O povo havia lançado os fundamentos e abandonado a obra por causa dos obstáculos. Eles corriam atrás de seus próprios interesses, construindo suas casas com requinte e luxo enquanto a Casa do Senhor permanecia em ruínas. Esse desprezo pela Casa de Deus desencadeou o desgosto de Deus, que se manifestou na subtração drástica nas colheitas, atingindo uma diminuição de 50% do trigo e 60% do vinho.

Os campos foram afetados, e as lavouras diminuíram suas safras em virtude do pecado do povo. Herbert Wolf diz corretamente que era o pecado deles que arruinava tudo o que tocavam, e que provocou o tempestuoso juízo de Deus. Quando se vêem hoje, em vários países, as colheitas terrivelmente arruinadas pelas secas ou pelas inundações, perguntamos quanto disso é castigo do pecado.[190] O lucro que os judeus buscavam tão avidamente não veio porque o investimento que deveriam ter feito na Casa de Deus estava destinando apenas aos seus projetos pessoais.

É importante ressaltar que o povo retornara do cativeiro com o claro propósito de reconstruir o templo (Ed 1.5). Eles fizeram promessas e votos de que se engajariam nessa obra. Porém, o tempo e as dificuldades os fizeram esquecer seus votos (Ag 1.2). Dionísio Pape diz que ainda hoje o povo de Deus faz muitas promessas vãs ao Senhor. Votos feitos na hora da doença, e não cumpridos na saúde; promessas esquecidas de contribuir para alguma campanha; votos feitos depois de um sermão de consagração, e logo esquecidos; promessas vãs de tornar-se dizimista fiel. Se todos os nossos votos se cumprissem, haveria meios suficientes para todos os projetos evangélicos: a construção de templos, escolas, clínicas e hospitais. Não faltariam fundos para missões, para a obra estudantil e para os orfanatos. E o doador seria ainda ricamente compensado (Ag 2.19).[191]

Em segundo lugar, *o pecado atrai inevitavelmente a disciplina de Deus* (2.17a). "Eu vos feri com queimaduras, e com ferrugem, e com saraiva, em toda a obra das vossas mãos..." (2.17a). Esses três desastres naturais que atingiram as lavouras (queimadura, ferrugem e saraiva) feriram não as plantas, mas os homens. O juízo não é sobre a natureza, mas sobre o povo. Para disciplinar o seu povo, Deus pode usar acidentes climáticos. O Senhor da colheita tinha poder para reter as chuvas do céu e os frutos da terra (Dt 28.22). A linguagem é a mesma de Amós 4.6-9. Lá, a declaração de Deus vem acompanhada da expressão "contudo, não nos convertestes a mim" (Am 4.6,8, 9,10,11). Aqui, em Ageu, a situação não foi diferente: "e não houve, entre vós, quem voltasse para mim" (4.17b). Apesar de sentir a disciplina divina, o povo endurecia o coração.[192] Na verdade, eles endureceram o coração como o Faraó e os egípcios haviam feito. Quantas vezes os profetas falaram acerca do anseio do Senhor por trazer o seu povo ao arrependimento! Tudo quando ele diz e faz visa atingir esse fim, mas o obstinado Israel – como o homem moderno – geralmente retorna aos seus ídolos e aos seus pecados em vez de se voltar para Deus (Jr 3.6-10).[193]

O castigo de Deus alcançou não apenas os campos, mas toda a obra de suas mãos. O pecado jamais fica impune. Quando o povo de Deus peca, seu pecado é pior que o pecado do incrédulo. Os pecados do crente são os mestres do pecado. O pecado do crente é mais grave, mais hipócrita e mais danoso que o pecado do descrente. Mais grave, porque ele peca contra um conhecimento maior. Mais hipócrita, porque o crente denuncia o pecado em público e o pratica em secreto. Mais danoso porque quando o crente desobedece a Deus, mais pessoas são atingidas. Um dos grandes enganos de nossa geração é que o pecado compensa. O pecado na verdade é uma fraude: promete liberdade e escraviza; promete prazer e traz desgosto; promete vida e mata.

Em terceiro lugar, *a disciplina de Deus sempre visa o arrependimento do faltoso* (2.17b). "... e não houve, entre vós, quem voltasse para mim, diz o Senhor" (2.17b). A disciplina de Deus não visa destruir seu povo, mas salvá-lo. O propósito de Deus não era salvar o seu povo no pecado, mas do pecado. A disciplina de Deus, embora amarga, produz frutos pacíficos de justiça. A disciplina de Deus visa afastar o transgressor do pecado, restaurá-lo e aproximá-lo de sua santa presença.

Doloroso, porém, é constatar que o povo endureceu sua cerviz e não se voltou para Deus a despeito de sua disciplina: "... e não houve, entre vós, quem voltasse para mim, diz o Senhor" (2.17b). A disciplina de Deus não produziu quebrantamento no povo nem o inclinou à obediência. Nem sequer uma pessoa se voltou para Deus. A transgressão estendeu-se a todos; o arrependimento não alcançou ninguém.

Uma promessa bendita (2.18,19)

Duas verdades sublimes merecem destaque neste ponto:

Em primeiro lugar, *a obediência traz bênção certa* (2.18). "Considerai, eu vos rogo, desde este dia em diante, desde o vigésimo-quarto dia do mês nono, desde o dia em que se fundou o templo do Senhor, considerai nestas cousas" (2.18). Até o versículo 17, o profeta olhou para trás. Fez uma retrospectiva do passado. O versículo 18 dirige o olhar para frente. Tudo será diferente. Tudo será novo agora.[194] A desobediência passada havia trazido juízo e disciplina, mas a obediência presente marcaria um novo tempo de bênção, prosperidade e vitória na vida do povo. Se o pecado traz derrota, a obediência é o caminho da bênção. A bênção de Deus é certa: "... desde este dia em diante..." (2.18). Quem prometeu é fiel para cumprir. Os campos voltariam a produzir com abundância. As lavouras voltariam a ficar pejadas de frutos. Os celeiros voltariam a se encher, e os lagares transbordariam novamente de vinho.

Isaltino Filho é absolutamente pertinente quando alerta para o fato de que planos muito bem elaborados, técnica promocional muito bem cuidada, recursos modernos bem funcionais e dinheiro, nada disto substitui a obediência que a igreja deve à Palavra de Deus. Uma igreja deve caracterizar-se por sua lealdade à Palavra de Deus.[195] O reformador João Calvino entendia que a pregação fiel das Escrituras era a primeira marca de uma igreja verdadeira.

Em segundo lugar, *a obediência traz bênção imediata* (2.19). "Já não há semente no celeiro. Além disso, a videira, a figueira, a romeira e a oliveira não têm dado os seus frutos; mas, desde este dia, vos abençoarei" (2.19). Os celeiros estavam vazios, e os campos estavam estéreis. Mas, agora, Deus respondeu à obediência do povo com a promessa imediata de bênção: "... mas, desde este dia, vos abençoarei".

Ageu estava pedindo que o povo confiasse em Deus com relação à próxima colheita. Ele não falava como um engenheiro agrônomo ou um técnico agrícola, mas como um profeta de Deus. Tratava-se do princípio de buscar em primeiro lugar o reino de Deus e sua justiça (Mt 6.33), na certeza de que Deus cuidaria do resto. O dia da obediência é o dia da vitória. O dia da obediência é fim do castigo. Henrietta Mears diz que Deus começa quando nós começamos.[196] O que quebra a maldição não é um ritual místico, mas a disposição da obediência. "Desde este dia" é uma expressão técnica. Servia para recordar antigos documentos legais que serviam de base para novos compromissos. Deus está firmando sua Palavra; ela basta porque Deus não falta com ela. Mas Deus está lhe dando um significado jurídico. Deus não tem receio de ajuramentar sua Palavra.[197] Cem anos mais tarde o profeta Malaquias alertará esse mesmo povo dizendo que só a obediência em trazer todos os dízimos à casa do Tesouro poderia suspender a maldição divina sobre a vida de cada um deles (Ml 3.8-10).

Leiamos as contundentes palavras do profeta Malaquias:

> Desde os dias de vossos pais, vos desviastes dos meus estatutos e não os guardastes; tornai-vos para mim, e eu me tornarei para vós outros, diz o SENHOR dos Exércitos; mas vós dizeis: Em que havemos de tornar? Roubará o homem a Deus? Todavia, vós me roubais e dizeis: Em que te roubamos? Nos dízimos e nas ofertas. Com maldição sois amaldiçoados, porque a mim me roubais, vós, a nação toda. Trazei todos os dízimos à casa do Tesouro, para que haja mantimento na minha casa; e provai-me nisto, diz o SENHOR dos Exércitos, se eu não vos abrir as janelas do céu e não derramar sobre vós bênção sem medida. Por vossa causa, repreenderei o devorador, para que não vos consuma o fruto da terra; a vossa vide no campo não será estéril, diz o SENHOR dos Exércitos. Todas as nações vos chamarão felizes, porque vós sereis uma terra deleitosa, diz o SENHOR dos Exércitos (Ml 3.7-12).

Uma vitória gloriosa (2.20-23)

Aqui começa a quarta e última mensagem do profeta Ageu. Ela é dirigida a Zorobabel, governador de Judá, no mesmo dia em que a terceira mensagem foi entregue (2.20,21). Essa palavra trouxe encorajamento para o presente e bendita esperança para o futuro. A profecia tinha aplicação imediata e cumprimento pleno no fim dos tempos. A profecia apontava tanto para o presente como para o futuro. Gerard Van Groningen com lucidez interpreta essa profecia:

> Não pode haver dúvida na mente de ninguém de que houve revolta a sublevações no império persa quando Cambises cometeu suicídio e Dario I teve dificuldades para manter o império unido e pacífico. A situação existente ajudou o remanescente a compreender o que Ageu estava explicando. Mas não é verdade que Ageu estava realmente proclamando que os céus e a terra estavam sendo abalados por Iavé e que tronos, reinos e forças militares estavam sendo subvertidos e exterminados. Ageu estava usando a linguagem apocalíptica. Ageu proclama a palavra de Iavé para o futuro em termos das circunstâncias do seu presente.[198]

Dionísio Pape diz que esta última profecia rasga novos horizontes perante o olho da fé. O profeta enxergou, de longe, acontecimentos ao fim da história humana. Esta profecia prediz o momento quando o SENHOR abalará o céu e a terra (Ag 2.21).[199]

Isaltino Filho está correto quando diz que o livro chega agora ao seu clímax com o davidismo, embora o nome de Davi não seja mencionado. O sentido do texto é claramente messiânico, e a linguagem que o exprime é apocalíptica. Zorobabel não deveria desanimar diante das convulsões históricas à sua volta. Ele estava dentro da linhagem messiânica (Mt 1.12). A obra que ele está cumprindo é valiosa aos olhos do Eterno por ser relacionada com a figura do Messias vindouro.[200]

Duas verdades se destacam nestes versículos:

Em primeiro lugar, *o colapso dos reinos do mundo* (2.20-22). "Veio a palavra do Senhor segunda vez a Ageu, ao vigésimo-quarto dia do mês, dizendo: Fala a Zorobabel, governador de Judá: Farei abalar o céu e a terra; derribarei o trono dos reinos e destruirei a força dos reinos das nações; destruirei o carro e os que andam nele; os cavalos e os seus cavaleiros cairão, um pela espada do outro" (2.20-22). O texto em apreço é muito semelhante a Mateus 24.29,30, em que a vinda do Messias é acompanhada de grandes desastres cósmicos. Quatro fatos merecem destaque neste texto:

a. Deus é quem conduz os destinos da história (2.21,22). O governo de Deus abrange todo o cosmo. Ele faz abalar o céu e a terra. As rédeas da história não estão nas mãos dos poderosos deste mundo. Os impérios megalomaníacos pensam que têm o poder e o controle dos acontecimentos, mas na verdade é Deus quem faz abalar o céu e a terra. É Deus quem derriba o trono dos reinos e destrói a força dos reinos. É Deus quem levanta e abate, quem exalta e humilha. O profeta Ageu deixa absolutamente claro que a ação descrita nos versículos em apreço é uma ação divina, e não humana; é algo planejado, e não acidental. Isaltino Filho oferece-nos uma grande contribuição quando escreve:

> O substantivo *trono* é singular. Refere-se ao reino humano, à ordem social implantada pelos homens. A presente ordem social vai ser aniquilada. Uma nova ordem surgirá, a estabelecida pelo Messias. O templo é necessário pelas expectativas messiânicas que traz, pela necessidade de sobrevivência do vinho velho do judaísmo até a sua substituição pelo vinho novo do cristianismo. A reedificação do templo, por mais que exalta o judaísmo, é, contraditoriamente, o sinal de que este caminha para o fim. Tudo será abalado, inclusive os reinos do

mundo. Uma nova era, um novo tempo, há de surgir com o advento do descendente de Zorobabel que é Jesus, o Messias esperado.[201]

b. Deus torna nulos os maiores símbolos do poder humano (2.22). Naquele tempo os carros e os cavalos eram a maior expressão de força e poder de um exército. Deus, porém, destrói o carro e os que andam nele, os cavalos e os seus cavaleiros. Nenhuma força ou poder pode resistir ao braço do Deus Todo-poderoso. Nenhum reino pode prevalecer contra Deus.

c. Deus entrega os homens à sua própria insanidade (2.22). Ageu registra que "... os cavalos e os seus cavaleiros cairão, um pela espada do outro". Herbert Wolf diz que o colapso do poder das nações provoca pânico e confusão porque os povos cairão "um pela espada do outro".[202] Os homens, na sua loucura, se autodestruirão. Como os midianitas dos tempos de Gideão, os homens se lançarão contra suas próprias espadas. Como os inimigos confederados contra Judá, os homens serão desbaratados por suas próprias mãos (2Cr 20.22).

d. Os reinos deste mundo passarão (2.22). Vale a pena ressaltar que Deus derruba não apenas os tronos, mas o trono dos reinos, e destrói a força dos reinos das nações. Os reinos deste mundo governam muitas vezes inspirados pelo príncipe deste mundo, pelo deus deste século, agindo no espírito do anticristo. Mas este trono de violência será desfeito. Aquele que se assenta neste trono será quebrado repentinamente. Os reinos deste mundo passarão, e o reino será do Senhor e do seu Cristo, que reinará pelos séculos dos séculos (Ap 11.15).

Em segundo lugar, *a vitória triunfante do Reino de Cristo* (2.23). "Naquele dia, diz o Senhor dos Exércitos, tomar-te-ei, ó Zorobabel, filho de Salatiel, servo meu, diz o Senhor, e te farei como um anel de selar, porque te escolhi, diz o Senhor dos Exércitos" (2.23). Aqueles que pensam que esta profecia era uma espécie de panfletagem política de conspiração contra os persas, para promover a ascensão de Zorobabel como rei dos judeus, estão em desacordo. Samuel Schultz afirma corretamente que, uma vez que esses acontecimentos não ocorreram nos dias de vida de Zorobabel, é claro que essa promessa lhe foi dirigida como representante da linhagem davídica, pela qual a promessa espera cumprimento.[203] H. Ray Dunning está correto quando afirma que Zorobabel é antecessor e tipo do verdadeiro Rei dos judeus.[204] Concordando com Dunning, J. Sidlow Baxter diz que esta quarta mensagem de Ageu vai muito além de Zorobabel, até a consumação final da linhagem davídica no reino futuro de Cristo.[205]

O texto em tela comporta um encorajamento para o presente, mas um cumprimento pleno no futuro. Trata-se de um texto messiânico. Ageu está subindo nos ombros dos gigantes, tendo a visão do farol alto, contemplando com o telescópio da fé, o futuro, quando o descendente de Zorobabel, Jesus de Nazaré, da dinastia davídica, haveria de vir ao mundo para estabelecer o seu reino de graça e depois consumando o seu reino de glória.

Os termos usados para descrever Zorobabel são todos termos messiânicos: "servo meu", "anel de selar", "te escolhi". Jesus foi descendente de Zorobabel (Mt 1.12; Lc 3.27). O anel de selar é um símbolo muito precioso. Com ele os reis autenticavam os documentos oficiais e autorizavam todos os editos e leis que eram promulgados. Era um símbolo de poder e autoridade. Warren Wiersbe diz que o anel de selar era usado pelos reis para colocar sua "assinatura" oficial em documentos (Et 3.10; 8.8,10), como garantia de que o rei cumpriria sua promessa e as estipulações do documento.[206] O anel de selar era usado, portanto, para autenticar cartas e documentos reais. Sem o anel, não havia impressão no documento e, sem a impressão, o documento não tinha valor algum. Desta forma a profecia de Ageu está mostrando que alguém da linhagem de Zorobabel, no futuro, autenticaria definitivamente a intervenção de Deus na história: Jesus de Nazaré.[207]

Concluindo, Stanley Ellisen afirma que há dois elementos cristológicos em Ageu: O primeiro é a glória do templo, que veio de forma definitiva na pessoa de Jesus Cristo. O segundo é a apresentação de Zorobabel como anel sinete, um símbolo da autoridade real do Messias.[208] Ray Dunning diz que este fato é a reafirmação da esperança messiânica judaica de um libertador divino proveniente da casa de Davi, que se assentaria no trono de Davi. Esta grande esperança atingiu o apogeu com o Filho de Davi – Jesus Cristo. O seu governo se elevará acima dos reinos caídos deste mundo, e o seu trono será estabelecido para sempre.[209]

O cumprimento pleno desta profecia dar-se-á na segunda-vinda de Cristo, quando os reinos deste mundo passarão e o Reino será do Senhor e do seu Cristo (Ap 11.15).

Lições práticas do livro de Ageu

O livro de Ageu é um reservatório que transborda sublimes verdades e preciosas lições para a igreja em todos os tempos. Vamos destacar algumas delas a seguir.

Em primeiro lugar, *a pregação da Palavra de Deus é insubstituível.* O povo de Judá foi para o cativeiro babilônico por não dar ouvidos à pregação do profeta Jeremias. Os que haviam voltado do cativeiro estavam abandonando a casa de Deus, e cada um corria atrás de seus próprios interesses. O que despertou esse povo apático a voltar ao trabalho de Deus foi a pregação de Ageu e Zacarias. A obra de Deus é iniciada, sustentada e encorajada pela Palavra de Deus.[210] Martyn Lloyd-Jones diz que a renovação da pregação é o que sempre anuncia o início de uma reforma ou reavivamento na igreja.[211]

Em segundo lugar, *a casa de Deus merece o melhor*. O descaso com a casa de Deus desencadeou grandes transtornos materiais e espirituais para o povo de Judá. Precisamos ter cuidado para que os templos provisórios não se tornem permanentes. O povo de Judá lançou os fundamentos do templo e paralisou a obra por dezesseis anos. Mesmo assim, eles continuaram oferecendo seus sacrifícios no altar que já havia sido levantado. Eles começaram a construção e abandonaram a obra no meio do caminho. Isso era um sinal evidente de desleixo com a casa de Deus. Isso significa fazer a obra do Senhor relaxadamente. Ageu não pedia ostentação, mas também não aceitava descaso. O aspecto físico dos templos revela os valores espirituais dos adoradores. A aparência externa da casa de Deus diagnostica a realidade interna daqueles que a freqüentam.

Em terceiro lugar, *a casa de Deus merece prioridade*. O povo de Judá estava apático com relação à obra de Deus e entusiasmado com respeito às suas próprias obras. Eles não tinham interesse pela casa de Deus, mas corriam celeremente atrás de seus interesses. Estavam construindo casas apaineladas, com luxo e requinte, enquanto deixavam a casa de Deus desamparada e em ruínas. A Palavra de Deus, porém, nos ensina a buscar em primeiro lugar o reino de

Deus e a sua justiça, sabendo que as demais coisas nos serão acrescentadas (Mt 6.33).

Sempre que deixamos de investir na casa de Deus, seu juízo disciplinador vem sobre nossa vida. Plantamos e não colhemos, comemos e não nos satisfazemos, bebemos e não nos saciamos, vestimo-nos, mas não nos aquecemos, e o salário que recebemos, nós o perdemos pelo caminho, pois o colocamos num saco furado. Na linguagem de Malaquias, as janelas se fecham em cima nos céus e os devoradores atacam em baixo na terra.

Em quarto lugar, *a maior glória da casa de Deus é ser habitada pelo Deus da glória.* Devemos ter cuidado com a ilusão das aparências. Os anciãos de Judá estavam chorando diante da insignificância do segundo templo, porque olhavam apenas para as aparências, para o exterior, para o visível e material. A glória do segundo templo seria maior do que a glória do primeiro. A grandeza de um templo não está na suntuosidade do seu prédio, no luxo de seus mobiliários, nem na alta posição social e financeira dos seus membros, mas na presença de Deus. É a presença de Deus no templo que o torna glorioso.

Gerard Van Groningen diz acertadamente que o templo em si mesmo não é o fator central. O foco central é a casa davídica, da qual o Messias virá. Iavé, habitando no meio de seu povo, sustentando-o e dirigindo-o com seu Espírito e suas palavras proféticas, assegura ao remanescente que seu pacto com Davi não é nulo ou vazio.[212]

Em quinto lugar, *a história tem seu clímax na pessoa de Jesus Cristo.* A história não caminha para um ocaso, mas para um glorioso alvorecer. Os reinos do mundo serão abalados e o trono dos reinos será destruído, mas o descendente de Zorobabel, da família de Davi, o escolhido de Deus, o

Senhor Jesus Cristo, reinará vitoriosamente, e o seu reino não terá fim.

NOTAS DO CAPÍTULO 3

[177] GRONINGEN, Gerard Van. *Revelação messiânica no Velho Testamento*, p. 789.
[178] WOLF, Herbert. *Ageu e Malaquias*, p. 46.
[179] COELHO FILHO, Isaltino Gomes. *Ageu: nosso contemporâneo*, p. 42.
[180] DUNNING, H. Ray. "O livro de Ageu", p. 285.
[181] FEINBERG, Charles L. *Os profetas menores*, p. 249.
[182] WOLF, Herbert. Ageu e Malaquias, p. 47.
[183] FRANCISCO, Clyde T. *Introdução ao Velho Testamento*, p. 200.
[184] WIERSBE, Warren W. *Comentário bíblico expositivo*, p. 548.
[185] COELHO FILHO, Isaltino Gomes. *Ageu: nosso contemporâneo*, p. 42,43.
[186] ROBINSON, George L. *Los doce profetas menores*, p. 121.
[187] PAPE, Dionísio. *Justiça e esperança para hoje*, p. 110.
[188] BALDWIN, J. G. *Ageu, Zacarias e Malaquias*, p. 40.
[189] COELHO FILHO, Isaltino Gomes. *Ageu: nosso contemporâneo*, p. 43.
[190] WOLF, Herbert. *Ageu e Malaquias*, p. 52.
[191] PAPE, Dionísio. *Justiça e esperança para* hoje, p. 111.
[192] COELHO FILHO, Isaltino Gomes. *Ageu: nosso contemporâneo*, p. 44.
[193] WOLF, Herbert. *Ageu e Malaquias*, p. 52.
[194] COELHO FILHO, Isaltino Gomes. *Ageu: nosso contemporâneo*, p. 44.
[195] COELHO FILHO, Isaltino Gomes. *Ageu: nosso contemporâneo*, p. 44,45.

[196] MEARS, Henrietta C. *Estudo panorâmico da Bíblia*, p. 291.
[197] COELHO FILHO, Isaltino Gomes. *Ageu: nosso contemporâneo*, p. 45.
[198] GRONINGEN, Gerard Van. *Revelações messiânicas no Velho Testamento*, p. 791.
[199] PAPE, Dionísio. *Justiça e esperança para hoje*, p. 112.
[200] COELHO FILHO, Isaltino Gomes. *Ageu: nosso contemporâneo*, p. 47,48.
[201] COELHO FILHO, Isaltino Gomes. *Ageu: nosso contemporâneo*, p. 49.
[202] WOLF, Herbert. *Ageu e Malaquias*, p. 56.
[203] SCHULTZ, Samuel J. *A história de Israel no Antigo Testamento*, p. 394.
[204] DUNNING, H. Ray. "O livro de Ageu", p. 287.
[205] BAXTER, J. Sidlow. *Examinai as Escrituras: Ezequiel a Malaquias*, p. 265.
[206] WIERSBE, Warren W. *Comentário bíblico expositivo*, p. 550.
[207] COELHO FILHO, Isaltino Gomes. *Ageu: nosso contemporâneo*, p. 49,50.
[208] ELLISEN, Stanley. *Knowing God's Word*. Nashville: Thomas Nelson, 1984, p. 263.
[209] DUNNING, H. Ray. "O livro de Ageu", p. 287.
[210] WIERSBE, Warren W. *Comentário bíblico expositivo*, p. 550.
[211] LLOYD-JONES, Martyn. *Preaching and preacher*. Londres: Hodder and Stoughton, 1971, p. 24.
[212] GRONINGEN, Gerard Van. *Revelação messiânica no Velho Testamento*, p. 792.